MANUAL DE INVESTIGACIÓN CUANTITATIVA
Para estudiantes de Educación Física

Tercera Edición

MANUAL DE INVESTIGACIÓN CUANTITATIVA

PARA ESTUDIANTES DE EDUCACIÓN FÍSICA

TERCERA EDICIÓN

FERNANDO MAUREIRA CID
ELIZABETH FLORES FERRO

© Fernando Maureira Cid

© Elizabeth Flores Ferro

Manual de investigación cuantitativa para estudiantes de educación física

ISBN Libro en papel: 978-84-685-7983-2

ISBN Libro en papel con solapas: 978-84-685-7984-9

ISBN eBook en PDF: 978-84-685-7985-6

Impreso en España

Editado por Bubok Publishing S.L

Enero, 2024

SOBRE LOS AUTORES

Fernando Maureira Cid

Es PhD. en Educación, Msc. en Neurociencia, Msc. en Neuropsicología y profesor de Educación Física. Autor de más de 170 publicaciones científicas, que incluyen libros de metodología de la investigación, estadística, diseños de experimentos, neuropsicobiología, etc. Actualmente es Profesor Titular en el Departamento de Educación Física, Deportes y Recreación de la Universidad Metropolitana de Ciencias de la Educación, Santiago de Chile.

Elizabeth Flores Ferro

Es PhD. en Educación, Mg. en Docencia e Investigación Universitaria y Profesora de Educación Física. Autora de más de 80 publicaciones científicas. Actualmente es docente/investigadora en la carrera de Pedagogía en Educación Física de la Universidad Católica Silva Henríquez, Santiago de Chile.

Dedicado a mis hermanas
Miriam y Yessenia

Fernando Maureira Cid

Dedicado a mi madre Carmela

Elizabeth Flores Ferro

PREFACIO A LA TERCERA EDICIÓN

La tercera edición del *Manual de investigación cuantitativa para estudiantes de educación física* es una introducción a la metodología investigativa, donde se repasan las bases teóricas y la aplicación de diversos aspectos como la formulación del problema de investigación, la construcción del marco teórico, el tipo y diseño de investigación, los análisis de datos, etc.

Algunas características que se han mantenido de la segunda edición del libro son: el enfoque pedagógico, abarcando todas las etapas de la elaboración de una investigación de pregrado, de manera de seguir *paso a paso* la construcción de nuestro estudio; los ejemplos enfocados en temáticas y situaciones de la educación física para presentar una realidad más cercana al lector; y la utilización del programa estadístico SPSS para realizar los análisis que nos permitirán realizar los contrastes de hipótesis.

En esta nueva edición se incluye un análisis más profundo sobre la formulación de una problemática de investigación, la construcción de un marco teórico, los aspectos metodológicos como el tipo/diseño de investigación, instrumentos para recolectar datos y el análisis de la información. Todo lo anterior, elementos claves para la realización exitosa de nuestro estudio. También se incluye un capítulo dedicado a la elaboración de las conclusiones y discusiones de la investigación, de manera de orientar al estudiante en la redacción de estas. Finalmente, se muestra paso a paso la utilización del programa estadístico SPSS 25.0 en los análisis de datos más comunes utilizados en pregrado.

Esperamos que este libro pueda constituirse como una herramienta útil para la elaboración de un trabajo de investigación en la carrera de Pedagogía en Educación Física y que en un futuro cercano el texto colabore e incentive a los mismos al desarrollo científico en nuestra disciplina.

Santiago, enero 2024
Fernando Maureira Cid
Elizabeth Flores Ferro

ÍNDICE DE CONTENIDOS

INTRODUCCIÓN

El presente texto es un manual de investigación científica cuyo fin es servir de guía a estudiantes de educación física sobre como estructurar y desarrollar investigaciones que sirvan como trabajos de titulación.

El estudio del ser humano puede ser abordado desde diferentes perspectivas, tanto biológicas, como psicológicas, sociales, lingüísticas, políticas, etc. En el caso de la educación resulta ser una mezcla de muchas de ellas, ya que los estudios sobre la enseñanza-aprendizaje abarcan desde aspectos socioeconómicos hasta funciones cerebrales del desarrollo humano general e individual. En la educación física en particular, las investigaciones se orientan hacia el deporte y recreación, además de facetas fisiológicas, biomecánicas, metodológicas, curriculares, evaluativas, de aprendizaje, entre otras. Estos son ámbitos importantes para el desarrollo del quehacer docente de la disciplina, ya que no basta con ejecutar y saber enseñar contenidos, es necesario contar con una fuerte base teórica que justifique dicho accionar. Es sólo a través de la investigación científica seria y rigurosa, que podemos entregar un estatus de confianza a nuestra área, forjando una educación física creíble y de calidad.

Los dos modelos clásicos de investigación son el enfoque cuantitativo y cualitativo. El primero de ellos es el método clásico de las ciencias naturales, donde se busca medir y explicar fenómenos, generar leyes y predecir acontecimientos. El surgimiento de ella nos lleva a Galileo y Descartes. Por su parte, el método cualitativo, es muy posterior (siglo XX) y su fin es describir casos particulares o de grupos muy reducidos, basado en la subjetividad de sus experiencias. El presente texto se orienta completamente hacia el primer enfoque, entregando las herramientas para desarrollar investigaciones en el ámbito cuantitativo de la educación física, no por nada, la mayoría de las revistas y textos científicos a nivel mundial abordan este enfoque.

El texto desarrolla mediante 9 capítulos, la estrategia para avanzar desde un tema de investigación hasta el reporte final, que cuenta con los resultados y conclusiones del estudio. Si bien, existen muchos detalles que pueden escapar a este libro, los aspectos generales de cómo desarrollar una investigación de pregrado en educación física se encuentran condensados aquí.

Creemos importante resaltar que la mayoría de las ideas expuestas en el presente texto fueron extraídas del libro Metodología de la Investigación de Roberto Hernández Sampieri, Carlos Fernández Collao y Pilar Baptista Lucio (2014). Además, todos los ejemplos aquí presentados son FICTICIOS y creados solo con fines educativos.

Todas las figuras y tablas del capítulo 8 **Análisis de los datos** fueron realizadas mediante el programa estadístico SPSS 24.0 para Windows versión en español.

Esperamos que este texto sea de utilidad para los/as estudiantes de la carrera de pedagogía en educación física y que este inicio en el mundo de la investigación se convierta en el puntapié inicial que permita el desarrollo y fortalecimiento de las antiguas y nuevas líneas de investigación que faculten el crecimiento y consolidación de nuestra disciplina. En las manos de los/as actuales estudiantes y futuros profesionales se encuentra esta oportunidad única.

Capítulo 1

TEMA DE INVESTIGACIÓN

1.1 SEMINARIO, MEMORIA Y TESIS

Antes de entrar de lleno al tema de la investigación, creemos importante aclarar la diferencia entre varios conceptos que suelen utilizarse en forma indistinta, siendo esto un error. El **seminario** y/o **memoria de título** corresponde a un documento de investigación básica que busca resolver un problema particular observada en la realidad, su alcance es limitado y se solicita para la obtención de un título profesional. La **memoria de magíster** es un documento de investigación más avanzado que la memoria de título, donde el alcance del problema que se busca resolver debe ser mayor y debe entregar algunos conocimientos nuevos relacionados con la temática. Finalmente, una **tesis** corresponde a un documento de finalización de un doctorado, donde es necesario abordar una temática novedosa y de relevancia mundial, aportando nuevo conocimiento a través de la elaboración o contrastación de teorías y cuyos resultados deben significar un aumento de conocimiento teórico o metodológico a la disciplina.

Así que la próxima vez que comentes que estas realizando una investigación para obtener un título o grado académico en tu universidad recuerda utilizar correctamente los conceptos.

1.2 INICIO DE UNA INVESTIGACIÓN

Cuando se desea realizar un estudio, lo primero y más importante que debemos hacer es escoger un tema de investigación, es decir, delimitar un área que nos interese. Por ejemplo, nuestro tema podría abocarse a la *actividad física en adultos mayores*. De esta forma acotamos un área en particular de estudio, enfocándonos en la actividad física y la calidad de vida de estos sujetos. Esto es fundamental, dada las numerosas áreas que incluye la educación física. A continuación, se presentan solo algunas de ellas:

- Entrenamiento deportivo
- Actividad física y salud
- Deportes colectivos
- Deportes individuales
- Bases curriculares en Ed. Física
- Fisiología del ejercicio
- Cognición y educación física
- Motricidad
- Didáctica de la Ed. Física
- Actividad física y adulto mayor

Una vez seleccionado el tema que nos interesa investigar se debe buscar que más nos gustaría saber en esta área, por ejemplo: si elegí el entrenamiento deportivo debo definir ¿qué deseo saber con mi estudio sobre este tema?, ¿conocer los efectos de un nuevo entrenamiento deportivo?, ¿comparar diferentes tipos de entrenamiento deportivo?, ¿mejorar ciertas variables a partir de un entrenamiento deportivo?, ¿encontrar las desventajas de un entrenamiento deportivo?, etc. De esta forma el estudio se va acotando y, por ende, tomando una estructura.

En esta etapa resulta aconsejable hablar con personas expertas en el tema, de manera de poder guiar nuestro estudio. Ellos también pueden recomendar literatura sobre el tema de manera de adentrarse en él y no realizar una investigación que ya ha sido replicada muchas veces. En otras ocasiones es posible darle un nuevo enfoque a un estudio ya realizado, de manera que signifique un aporte a la disciplina. Por ejemplo, la validación de una prueba de motricidad en nuestro país que haya sido generada en España significa un buen aporte, ya que abre nuevos caminos de investigación y al que podemos darle otro enfoque al aplicarlo a una nueva población. No obstante, siempre se debe tener presente que nuestra investigación será un pequeño aporte al universo del conocimiento, por lo tanto, no debemos complicarnos con tratar de abarcar tantas variables o cantidad de sujetos, un seminario que sea estructurado y bien acotado será más fácil de ejecutar que uno que tenga infinidad de objetivos que luego no se podrán cumplir por diferentes motivos.

Algunos ejemplos de temas de investigación en educación física podrían ser:

- Didáctica para enseñar actividades motrices de expresión en niños/as de primaria.
- Efectos del entrenamiento de la CrossFit en jóvenes universitarios.
- Efectos de la actividad física aeróbica aguda sobre la capacidad de atención selectiva y memoria espacial en estudiantes universitarios.
- Tipos de liderazgo en estudiantes universitarios de la carrera de pedagogía en educación física.
- Efectos de un programa de psicomotricidad sobre el desarrollo de habilidades socioemocionales en preescolares.
- Desarrollo de competencias ciudadanas a través de juegos en la clase de educación física.
- Estereotipos de género en las clases de educación física.

Es importante recordar que existen variables que no se relacionan entre sí y no es posible establecer una investigación con ellas, algunos ejemplos son:

- Relación entre la estatura y el rendimiento en pruebas de inteligencia en niños de edad escolar.
- Efectos de clases de recreación sobre la motivación de estudiantes de enseñanza básica en la asignatura de historia.
- Relación del rendimiento en el fútbol con la habilidad en el aprendizaje de bailes folclóricos en estudiantes universitarios.

En los ejemplos anteriores las variables no se relacionan, ya que la inteligencia no depende de la estatura, las clases de recreación no afectan la motivación sobre la asignatura de historia y el rendimiento del fútbol no se relaciona con la capacidad de aprender bailes, razón por la cual estos temas no tienen ningún sentido desde el punto de vista de la investigación.

Otro punto importante es que la idea de investigación tiene que estar contextualizado a nuestra realidad, es decir, que tengamos los recursos económicos, el tiempo y el acceso a la muestra que nos permita realizar el estudio. Por ejemplo, un alumno dice en la clase de taller de investigación:

"…profesor, mi idea de investigación es conocer los efectos del ejercicio físico en pacientes con enfermedades mitocondriales…"

Por supuesto las preguntas que surge ante esta idea son ¿tienen el laboratorio para hacer mediciones de los pacientes con estas enfermedades?, ¿tiene acceso a dichos pacientes? y ¿cuenta con el tiempo necesario para realizar la investigación? Si la respuesta a cualquiera de estas preguntas es NO, el estudio no es viable, la idea puede ser muy buena, pero no existen los recursos, el tiempo o el acceso a la muestra para realizarlo.

Capítulo 2

CONSTRUCCIÓN DEL MARCO TEÓRICO

2.1 FUENTES DE INFORMACIÓN

a) Libros

Cuando tenemos definido el primer paso, el segundo desafío será realizar una exhaustiva revisión de la literatura respecto al tema que nos aboca. Con este material construiremos nuestro marco teórico, que no es otra cosa, que una recopilación de información precedente sobre nuestro tema de interés. La utilidad de un marco teórico es que nos muestra que cosas sobre un tema están muy estudiadas y cuáles no, también nos permite evitar errores que entregaron estudios anteriores y tener referencias con las cuales finalmente podemos interpretar los resultados.

Lo primero que se recomienda es la búsqueda de libros sobre el tema. En general, en un libro se expresan las ideas globales sobre un ámbito, nos sirve para conocer un poco más del tema y conocer a los/as autores/as relevantes dentro de esa área. En resumen, nos da una visión general sobre la cual sustentar nuestra idea de investigación. Se recomiendan libros de reconocidas editoriales y autores/as.

b) Revistas científicas

Una vez que conocemos sobre el tema y los/as autores/as más relevantes, debemos buscar información en revistas científicas, las cuales publican artículos de investigación de autores/as de todo el mundo. En nuestro país ejemplos de revistas científicas serían *Estudios Pedagógicos* (de la Universidad Austral), *Revista de Ciencias de la Actividad Física UCM* (de la Universidad Católica del Maule), *Archivos Chilenos de Medicina del*

Deporte (de la Sociedad de Medicina Deportiva), etc. A nivel mundial existen cientos de revistas científicas de educación en general y de educación física en particular, para encontrarlas sería recomendable acudir a bases de datos, donde se encuentran los catálogos de todas esas revistas.

Las bases de datos más importantes del mundo son:

- **Web of Science (WoS):** al año 2023 contiene casi 10.000 revistas de ciencias, tecnología, ciencias sociales, artes y humanidades. También posee más de 100.000 actas de congresos y conferencias. La mayoría de las revistas de esta base de datos publica artículos en inglés. Web: http://webofscience.com

- **Scopus:** al año 2023 contiene más de 26.000 revistas de ciencias, medicina, tecnología, ciencias sociales, artes y humanidades. La mayoría de las revistas de esta base de datos publica artículos en inglés. Web: https://www.scopus.com/

- **Scielo:** al año 2023 contiene 1.654 revistas de ciencias, ciencias sociales, humanidades, ingeniería y lingüística, letras y artes. Las revistas de esta base de datos publica artículos en inglés, español y portugués. Web: https://scielo.org/

- **Latindex:** base de datos que se divide en Directorio (revistas con contenido académico) que al año 2023 contiene 27.073 títulos y Catálogo de revistas en línea (subconjunto del directorio que contiene las revistas con altos estándares de calidad) que al año 2023 contiene 3.326 títulos. Las revistas abordan temas de ciencias, ciencias sociales, artes y humanidades y multidisciplinas. La mayoría de las revistas de esta base de datos publica artículos en español. Web: https://www.latindex.org/latindex/

- **Redalyc:** al año 2023 contiene 1.597 revistas de ciencias sociales. Funciona como una biblioteca electrónica en línea. La mayoría de las revistas de esta base de datos publica artículos en español. Web: https://www.redalyc.org/

- **Dialnet**: al año 2023 contiene 5.513 revista y más de 312 mil tesis digitales especializadas en ciencias sociales y humanas. La mayoría de las revistas de esta base de datos publica artículos en español. Web: https://dialnet.unirioja.es/

- **Medline:** Contiene 4.800 revistas biomédicas. Esta base de datos posee el motor de búsqueda Pubmed. La mayoría de las revistas de esta base de datos publica artículos en inglés. Web: https://pubmed.ncbi.nlm.nih.gov/

- **Google Scholar (académico)**: No es una base de datos como tal, sino un buscador de Google de artículos académicos, libros, congresos, tesis, ponencias, etc. Web: https://scholar.google.com/

- **Researchgate**: Red social en internet que contiene trabajos científicos de todas las disciplinas. Web: https://www.researchgate.net/

Ejemplo de búsqueda en una base de datos:

Ejemplo 2.1
Búsqueda en Google académico

- Paso 1: Describir las principales variables de estudio, si su tema de investigación es psicomotricidad en escolares chilenos/as, debe colocar en el buscador: *Psicomotricidad, escolares, Chile* (Fig. 2.1).
- Paso 2: es importante destacar que Google Académico posee filtros de años, por lo que es importante utilizarlos, se recomienda siempre artículos empíricos de los últimos 10 años, para ello se debe especificar el rango como se aprecia en la figura 2.2.

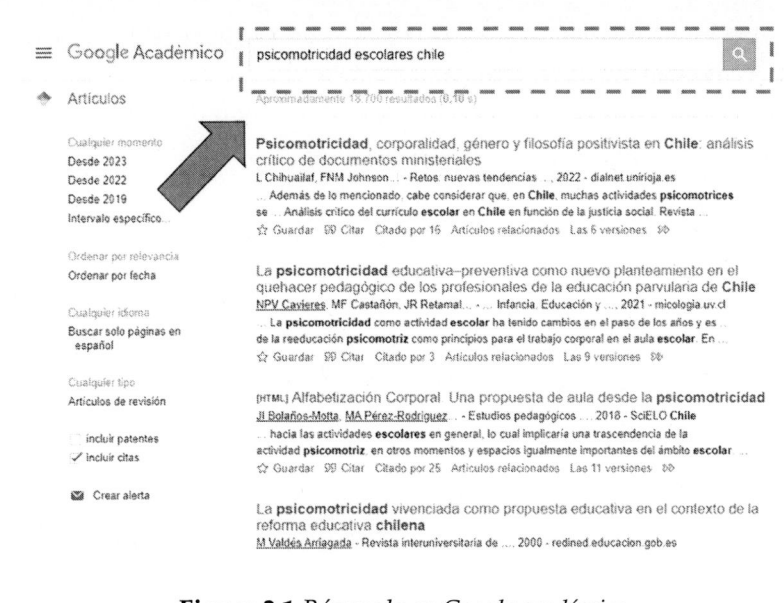

Figura 2.1 *Búsqueda en Google académico.*

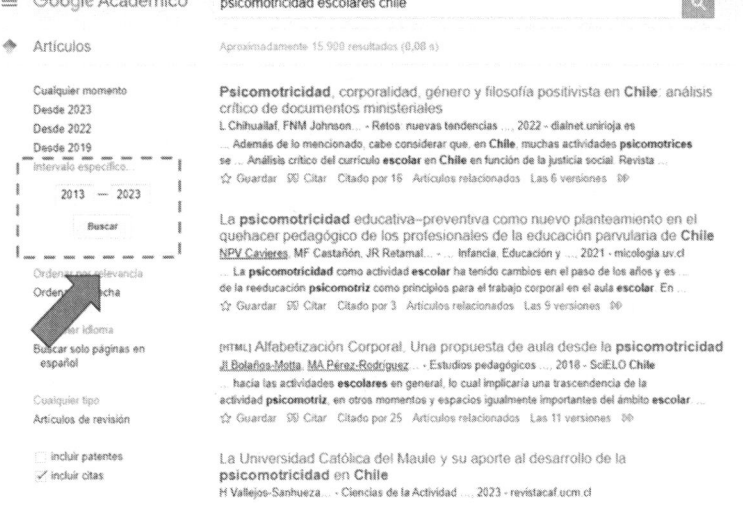

Figura 2.2 *Búsqueda por años en Google académico.*

Otra herramienta muy útil para los/as estudiantes que por primera vez se enfrentan a un proceso de investigación científica es la herramienta de *citar* que posee Google Académico, sin embargo, antes de utilizarla se debe revisar que el orden de la información que nos proporciona sea correcto, ya que a veces puede tener algunos errores, no obstante, sirve de una excelente guía como se puede apreciar en la siguiente imagen:

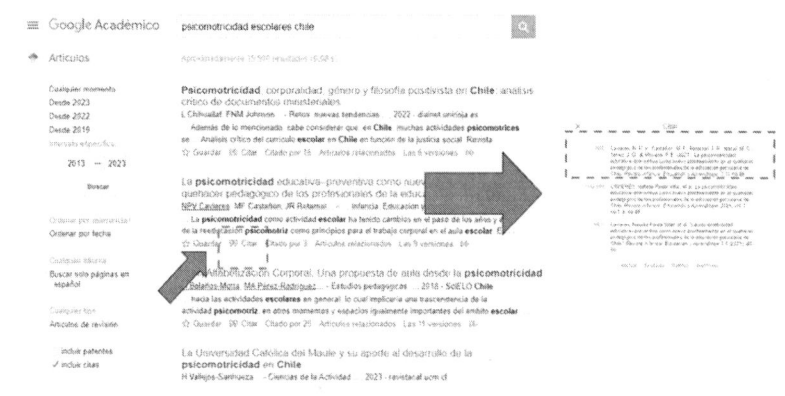

Figura 2.3 *Como hacer referencias en Google académico.*

Se debe tener cuidado, ya que muchos estudiantes incipientes en investigación confunden las bases de datos con las revistas (por ejemplo, "Martínez en la revista Scielo explica…", situación errada, ya que Scielo corresponde a una base de datos no a una revista), las bases de datos contienen las revistas de diferentes países, diferenciándolas por su nivel de impacto en la comunidad científica, es decir, por la cantidad de citas de los trabajos (cantidad de veces que un artículo es utilizado y forma parte de las referencias bibliográficas de otros artículos).

Es relevante señalar, que las principales bases de datos (WoS y Scopus) cobran para acceder a sus artículos (en promedio 30 USD por documento), usualmente las universidades tienen acceso a ellas con códigos y contraseñas para los/as estudiantes de postgrado.

Los artículos científicos sirven para conocer como otros investigadores han abordado nuestro tema o ideas similares. De aquí es posible extrapolar metodologías para nuestro estudio. Recuerde que para usar referencias de revistas científicas ya debe conocer al menos los planteamientos, teorías y autores/as principales de la temática que le interesa.

También es posible buscar información en internet, pero debemos tener mucho cuidado, ya que no todo lo subido a la red es fiable y verdadero. Se recomienda no utilizar artículos de google o de blogs, pero las páginas de instituciones gubernamentales (MINEDUC, INTA, MINSAL, etc.) representan excelentes herramientas de donde obtener información. También son recomendables las páginas de universidades tanto nacionales como extranjeras y las páginas de centros y laboratorios de estudios científicos.

Por otro lado, también se debe evitar los artículos publicados en revistas que no estén indexadas. Estos se pueden utilizar para conocer sobre el tema, pero no como referencia, ya que muchos de los artículos que se publican en dichas revistas no son revisados por pares (otros investigadores expertos en dichas temáticas) por lo tanto, no siempre los resultados presentados son fiables.

¿Cómo saber si la revista esta indexada en una base de datos?

Figura 2.4 EmásF Revista Digital de Educación Física.

La mayoría de las revistas en la página principal de su sitio web aparece el logo de la base de datos donde están indexadas, por ejemplo, en la figura 2.4 se aprecia la *Revista EmásF, Revista Digital de Educación Física* de España, que nos indica que está indexada en Latindex y Dialnet.

Cuando buscamos directamente en una base de datos todas las revistas e información encontrada posee altos estándares académicos de calidad y se puede trabajar con ellos sin problemas.

c) Seminarios, memorias y tesis

Los seminarios y memorias de pregrado o magister y las tesis de doctorado son otra buena fuente de información para dar forma a nuestra investigación. A muchas de ellas es posible el acceso vía internet (muchas universidades tienen sus tesis a disposición en la red) y la base de datos Dialnet también contiene muchos de estos trabajos. Los seminarios, memorias y tesis sirven para dar un orden de cómo dirigir nuestro estudio.

2.2 NORMAS PARA CITAS Y REFERENCIAS

Es recomendable inmediatamente después que utilicemos un libro, artículo, tesis, sitio web, etc. guardar los datos de donde se obtuvo la información como una referencia bibliográfica, ya que muchas veces utilizamos documentos para nuestro marco teórico y posteriormente no recordamos o no encontramos de donde lo obtuvimos. Las referencias bibliográficas deben ser escritas según normas internacionales para los trabajos científicos, algunas de las más importantes son las normas de la American Psychological Association (APA), de la International Committee of Medical Journal Editors (Vancouver), de la Asociación Brasilera de Normas Técnicas (ABNT), normas de estilo de Chicago, normas de estilo Harvard, etc. A continuación, se muestran ejemplos de referencias según el estilo APA, que corresponde a las más utilizadas en ciencias sociales a nivel mundial. Las normas de citación y referencias bibliográficas se actualizan continuamente y desde el 2019 ya se cuenta con la 7° edición:

a) **Citas en el texto**

Cuando escribimos un documento debemos considerar que todas las ideas, conceptos o afirmaciones planteadas en cada párrafo corresponden a una cita y para cada una de ellas debe existir un/a autor/a y año de donde se obtuvo la información. Dichas citas pueden ser directas o indirectas.

Las **citas directas** corresponden a ideas extraídas literalmente de un documento y traspasadas a nuestro marco teórico. En cambio, las **citas indirectas** son ideas de otros/as autores/as que escribimos con nuestras propias palabras (parafraseo). Ambos tipos de citas deben incluir el apellido del/la o de los/as autores/as, el año y, en el caso de las citas directas, el número de página de donde se extrajo la información.

Ejemplo 2.2

- **Cita directa:** "Existen altos niveles de sexismo en estudiantes de educación física en diversos países de habla hispana" (Ramírez, 2023, p. 15).
- **Cita indirecta:** Los estudiantes de educación física presentan elevados niveles de sexismo (Ramírez, 2023).

Número de autores/as en una cita

Las normas APA 7º edición presenta un formato diferente para citas con uno/a o dos autores/as y con tres o más autores/as.

Ejemplo 2.3

- Si el texto utilizado posee uno o dos autores se escribe el apellido del/a autor/a o de ambos. Por ejemplo: "la cognición depende del cerebro" (López, 2018, p. 15) o "el ejercicio aeróbico ayuda a mejorar los procesos atencionales" (González y Cortés, 2016, p. 154).
- Si el texto utilizado posee tres o más autores/as se escribe el apellido del/a primer/a autor/a y luego la sigla *et al.* Por ejemplo, "los/as estudiantes de educación física tienen altos niveles de empatía" (Pérez et al., 2021, p. 29).

Citas directas cortas y en bloque

Las citas directas pueden ser **cortas** (hasta 40 palabras y escrita entre paréntesis) o **en bloque** (más de 40 palabras, sin comillas y con sangría a ambos lados). Además, ambos tipos de citas pueden ser **parentéticas** (el/la autor/a, año y número de página van al final del texto en paréntesis) o **narrativa** (el/la autor/a va al principio del texto y al final va el año y número de página entre paréntesis).

Ejemplo 2.4

- **Cita directa corta parentética:** "el ejercicio aeróbico ayuda a mejorar los procesos atencionales" (González y Martínez, 2016, p. 154).
- **Cita directa corta narrativa:** Para González y Martínez "el ejercicio aeróbico ayuda a mejorar los procesos atencionales" (2016, p. 154).

- **La cita directa en bloque parentética:**

  La neuroeducación nos presenta una posibilidad enorme de trabajar de mejor manera el proceso de enseñanza-aprendizaje, entregándonos las bases y las herramientas para enfrentar la tarea de educar, mediante el conocimiento de la plasticidad cerebral, su funcionamiento en las actividades cognitivas, el rol del ambiente, etc. (Valenzuela, 2010, p. 273).

- **La cita directa en bloque narrativa:**

Valenzuela señala que:

  La neuroeducación nos presenta una posibilidad enorme de trabajar de mejor manera el proceso de enseñanza-aprendizaje, entregándonos las bases y las herramientas para enfrentar la tarea de educar, mediante el conocimiento de la plasticidad cerebral, su funcionamiento en las actividades cognitivas, el rol del ambiente, etc. (2010, p. 273)

Citas indirectas

Las citas indirectas corresponden a ideas que no son escritas exactamente igual que en el texto de donde se extrajeron, sino que son *parafraseadas*, es decir, la misma idea es escrita con las palabras del estudiante.

Ejemplo 2.5

- **Texto original:** En la tabla 2 se puede observar que existen diferencias significativas (p=0,000) entre los niveles de percepciones positivas de los/as estudiantes de secundaria hacia su profesor/a de educación física. Los/as estudiantes de 1º de secundaria poseen una mejor imagen de su profesor/a de educación física que los/as estudiantes de 4º de secundaria.
- **Cita indirecta parentética:** Una investigación muestra que los/as estudiantes de 1º de secundaria tienen una mejor percepción de su profesor/a de educación física que los/as de 4º de secundaria (Flores et al., 2021).
- **Cita indirecta narrativa:** Un estudio de Quilodrán et al. (2021) reveló que los/as estudiantes de 1º de secundaria tienen una mejor percepción de su profesor/a de educación física que los/as de 4º de secundaria.

En la elaboración del marco teórico también debemos preocuparnos de la redacción y coherencia de los párrafos. Construir este capítulo no significa cortar y pegar ideas, sino redactarlas de tal forma que resulten como un sólo documento lógico y continuo.

Cita secundaria

Cuando se utiliza una fuente de donde se obtiene la información original recibe el nombre de cita primaria. Pero también es posible obtener información de una fuente que ha citado otra fuente, esto recibe el nombre de cita secundaria. Lo último ocurre cuando el/la autor/a que utilizó a citado otro/a autor/a.

Ejemplo 2.6
- **Cita primaria**
  El ejercicio físico mejora diversas funciones cognitivas (Gutiérrez, 2020).

> - **Cita secundaria**
>
>   El ejercicio físico mejora diversas funciones cognitivas (Gutiérrez, 2020, citado en Martínez, 2023).

En el caso de la cita secundaria del ejemplo 2.6 Martínez (2023) cito a Gutiérrez (2020) y no pudiste leer el trabajo de Gutiérrez directamente, entonces debes citar el trabajo de Gutiérrez como fuente original, pero dentro del trabajo de Martínez. En las referencias bibliográficas debe aparecer el solo el trabajo de Martínez (2023).

Siempre se recomienda consultar la fuente original (cuando sea posible) utilizando las citas secundarias de forma excepcional.

b) **Referencias bibliográficas**

Artículo de una revista científica

> **Ejemplo 2.7**
>
> - Apellido del/la autor/a, Inicial del nombre (año). Título del artículo. *Nombre de la revista, volumen,* (número), páginas donde comienza el artículo-página donde termina el artículo. DOI (en caso de existir).
>
> - Flores, E., Maureira, F., Cárdenas, S., Escobar, N., Cortés, M., Hadweh, M., González, P., Koch, T. y Soto, N. (2021). Prevalencia de neuromitos en académicos universitarios de Chile. *Revista Ecuatoriana de Neurología, 30*(2), 26-33. https://doi.org/10.46997/revecuatneurol30200026

En la referencia de un artículo científico se enumeran los apellidos e iniciales del nombre de hasta los/as 20 primeros/as autores/as. En caso de existir más de 20 autores/as, se enumeran los primeros 19 autores/as luego tres puntos (…) y el apellido e iniciales del nombre del último autor/a.

El DOI (Digital Object Identifier) es un código identificador de publicaciones electrónicas.

Libros

Ejemplo 2.8

- Apellido del/a autor/a, Inicial del nombre. (Año). *Título del libro*. Editorial.
- Wilmore, J. & Costill, D. (2007). *Fisiología del esfuerzo físico y el deporte*. Paidotribo.

Capítulo de libro

Ejemplo 2.9

- Apellido del/a autor/a del capítulo, Inicial del nombre (año). Título del capítulo. En Inicial del nombre del editor del libro. Apellido del editor del libro (Sigla de editor/es), *Título del libro*. (Página de inicio-página de término del capítulo). Editorial.
- Robertson, C. & Riveros, C. (2006). Actividad física en la tercera edad. En R. Bustamante (Eds.), *Implicancias actuales de la educación física* (pp. 58-72). Paideia.

Presentaciones en simposios y congresos

Ejemplo 2.10

- Apellido del/a autor/a, Inicial del nombre. (Año, mes). *Título del trabajo*. [Tipo de contribución]. Título del simposio o Congreso, Ciudad, País. https://www.xxxxxxxxxxxxxxxx
- Maureira, F. (2011, junio). *Aportes de la neurociencia a la educación física*. [Presentación de paper]. Seminario del Departamento de Educación Física Deportes y Recreación de la UMCE. Santiago, Chile. https://www.umce/seminario/educación_neurociencia

---

Seminarios, memorias y tesis

Ejemplo 2.11

Tesis inédita

- Apellido del/a autor/a, Inicial del nombre. (Año). *Título del seminario, memoria o tesis* [Tipo de seminario, memoria o tesis para optar a un grado o título inédita]. Nombre de la institución que otorga el título.
- Flores, E. & Gómez, A. (2012). *Estilos de aprendizaje de los/as estudiantes de la carrera de educación física.* [Seminario para optar al título de Profesor en Educación Física inédita]. Universidad Internacional SEK.

Tesis disponible en repositorio académico

- Apellido del/a autor/a, Inicial del nombre. (Año). *Título del seminario, memoria o tesis* [Tipo de seminario, memoria o tesis para optar a un grado o título, Nombre de la institución que otorga el título]. Nombre del Repositorio. https://www.repositorio.abc
- Miranda, C. (2022). *Efectos del entrenamiento de fuerza muscular sobre el gasto energético, fatiga y biomarcadores de actividad física en adultos sanos* [Tesis para optar al grado de Doctora, Universidad de Granada]. Repositorio institucional de la Universidad. https://educacionfisicaydeportiva.ugr.es/investigacion/tesis

---

Páginas web

Ejemplo 2.12

- Apellido del/a autor/a, inicial del nombre. (Fecha). *Título del trabajo.* https://www.xxxxxxxxxxxxx
- National Heart Lung and Blood Institute. (20 de agosto de 2012) *¿Qué es la actividad física?* http://www.nhlbi.nih.gov/healthspanish/health-topics/temas/phys/

2.3 ESTRUCTURA DE UN ARTÍCULO CIENTÍFICO

Un problema frecuente en estudiantes universitarios de todas las disciplinas es no conocer la estructura de un artículo científico, estos normalmente presentan los siguientes elementos:

1. Título
2. Nombres y apellidos de los/as autores/as
3. Nombre, número y volumen de la revista
4. Número de páginas del artículo
5. Resumen
6. Introducción
7. Metodología
8. Resultados
9. Conclusiones y/o discusiones
10. Referencias bibliográficas

Si el artículo que usted encontró en internet le sirve porque la información que da es relevante para su estudio, pero no tiene uno o más de estos puntos no lo podrá utilizar, principalmente porque no lo podrá citar y probablemente la revista donde se publicó el artículo no este indexada en alguna de las bases de datos ya mencionadas. En la imagen 2.5 se aprecia un artículo donde aparece toda la información en la primera página para poder citarlo, esto es lo ideal para utilizarlo como referencia en su marco teórico.

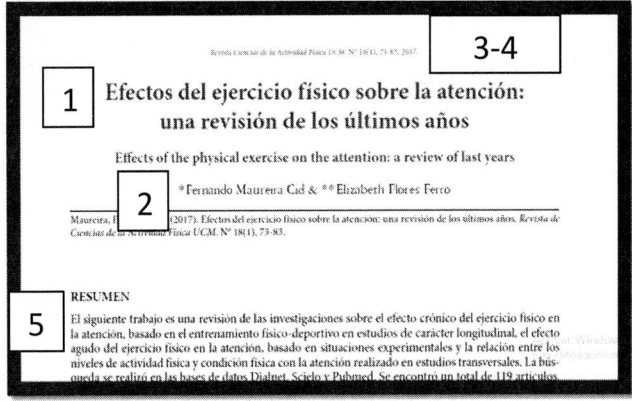

Figura 2.5 *Partes de la primera página de un artículo científico.*

2.4 ESTRUCTURA DEL MARCO TEÓRICO

El marco teórico siempre se redacta de lo **general a lo particular**, iniciando con el concepto más relevante del tema de estudio hasta llegar a la idea específica de la investigación, a continuación, se muestra un ejemplo de ello.

Ejemplo 2.13

- Tema de investigación: Efectos del ejercicio aeróbico y anaeróbico sobre la inhibición de la interferencia.

2.1 Presentación del marco teórico
2.2 Aprendizaje y funciones ejecutivas
    2.2.1 Funciones cognitivas
    2.2.2 Funciones ejecutivas
    2.2.3 Tipos de funciones ejecutivas
    2.2.4 Inhibición de la interferencia
2.3 Ejercicio físico
    2.3.1 Clasificaciones del ejercicio físico
    2.3.2 Ejercicio físico aeróbico
    2.3.3 Ejercicio físico anaeróbico
2.4 Ejercicio físico y funciones ejecutivas
    2.4.1 Ejercicio físico e inhibición de la interferencia
2.5 Síntesis del marco teórico

En algunas instituciones solicitan empezar el marco teórico con una presentación de la estructura y una síntesis al final de este, precisamente para que el revisor del trabajo pueda ver que se abordó adecuadamente la teoría del tema de investigación y que finalmente el/la autor/a entendió y relacionó adecuadamente las variables del estudio.

Capítulo 3

PLANTEAMIENTO DEL PROBLEMA

3.1 PROBLEMATIZACIÓN

Una vez que se ha definido el tema de investigación y se ha realizado la recopilación de la información relacionada con nuestro tema de interés, debemos plantear el problema de investigación, que corresponde a la **problematización** y las **preguntas** que deseamos responder con nuestro estudio. La primera corresponde a un proceso donde se distingue una situación problemática, se recopilan antecedentes, se elabora un marco de referencia y se determinan las dimensiones del problema. Una vez que conocemos a fondo el tema que deseamos investigar y tenemos claro el problema que deseamos solucionar, elaboramos las preguntas que guiaran toda la investigación.

Aquí es importante resaltar que un problema de investigación debe contener al menos dos variables que se relacionen (fuerza y sexo, condición física y práctica de ejercicio, composición corporal y nutrición, etc.) y que ambas deben ser posibles de medir, ya que la ciencia trabaja con fenómenos observables y medibles.

El planteamiento del problema siempre se aborda de lo general a lo particular, donde el elemento clave para elaborarlo es identificar y describir el fenómeno de estudio, junto con las causas de este basándose en la literatura científica para involucrar al lector en tu tema de investigación. Posteriormente, debes mencionar los estudios más importantes relacionadas con el tema seleccionado, pueden ser trabajos en otros países o en el nuestro, revisiones, trabajos de temáticas similares, entre otros; esto con el fin de contextualizar el por qué deseas estudiar dicho fenómeno.

En la figura 3.1 se muestra un esquema que ejemplifica los pasos para realizar el planteamiento del problema. En este caso es el tema: *Efectos del ejercicio físico en la atención sostenida.*

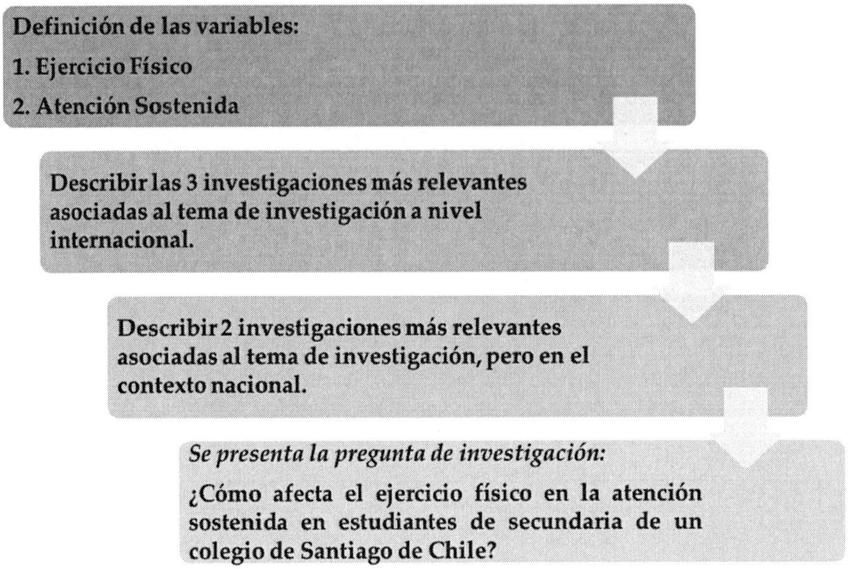

Definición de las variables:

1. Ejercicio Físico

2. Atención Sostenida

Describir las 3 investigaciones más relevantes asociadas al tema de investigación a nivel internacional.

Describir 2 investigaciones más relevantes asociadas al tema de investigación, pero en el contexto nacional.

Se presenta la pregunta de investigación:

¿Cómo afecta el ejercicio físico en la atención sostenida en estudiantes de secundaria de un colegio de Santiago de Chile?

Figura 3.1 *Esquema que muestra los pasos del planteamiento del problema en investigación.*

3.2 PREGUNTA DE INVESTIGACIÓN

Una vez escrito el planteamiento del problema este siempre termina con la pregunta de investigación, la cual puede estar orientada a sujetos (estudiantes, deportistas, adultos mayores, etc.), grupos (colegios, equipos deportivos, centros de salud, gimnasios, etc.) o jurisdicciones políticas (comunas, ciudades, países, etc.).

Generalmente la pregunta comienza de manera muy amplia y es necesaria acotarla lo más posible.

Ejemplo 3.1

- 1º opción de pregunta (más general): ¿Cómo afecta el entrenamiento de crossfit a la composición corporal?
- 2º opción de pregunta (más específica): ¿Cómo afecta un programa de entrenamiento de crossfit 2 veces por semana a la composición corporal?

- 3º opción de pregunta (final): ¿Cómo afecta un programa de entrenamiento de crossfit 2 veces por semana durante 3 meses a la composición corporal de estudiantes universitarios de una universidad de Santiago de Chile?

La pregunta anterior relaciona dos variables: entrenamiento de crossfit y composición corporal, y ambas son observables y medibles.

Habitualmente las preguntas de investigación comienzan con los siguientes encabezados:

¿Cuáles son…	¿Es eficiente…
¿Existen diferencias…	¿Por qué…
¿Qué relación…	¿Qué cambios…
¿Cómo se presentan…	¿Cuántos casos…
¿Cuántos…	¿Existe relación…, etc.

Recordemos que un estudio puede tener una o varias preguntas de investigación, dependiendo de la complejidad y número de variables. Lo que sí resulta fundamental en cualquier estudio es que la pregunta se formule en forma muy específica, aclarando la relación entre las variables.

Algunos ejemplos de temas de investigación ya planteadas como ideas son:

Ejemplo 3.2

- Idea de investigación: Ejercicio físico aeróbico y capacidad de atención.
- Pregunta de investigación: ¿Existen efectos de una sesión de ejercicio físico aeróbico sobre la capacidad de atención en la búsqueda visual en estudiantes universitarios de La Serena, Chile?

Ejemplo 3.3

- Idea de investigación: Estilos de liderazgo en el profesorado en formación de educación física.

- Pregunta de investigación: ¿Cuáles son los estilos de liderazgo preponderantes en el profesorado en formación de la carrera de pedagogía en educación física de una universidad de Talca, Chile?

3.3 OBJETIVOS DE LA INVESTIGACIÓN

Una vez formulada la pregunta de investigación debemos elaborar los objetivos de nuestro estudio. Un objetivo corresponde a las metas que deseamos alcanzar mediante la realización de acciones particulares. Los objetivos se clasifican en generales y específicos.

3.3.1 Objetivos generales

Se relacionan íntimamente con las preguntas de investigación, constituyéndose en la guía de nuestro estudio. Deben permitir directamente responder la o las preguntas de investigación y siempre comenzarán con un verbo en infinitivo. Los objetivos pueden ser conceptuales (que corresponde al saber teórico y disciplinar), procedimentales (corresponde al hacer, a los procedimientos) y actitudinales (corresponden a las actitudes o valores). Algunos ejemplos de estos verbos son:

Verbos conceptuales	Verbos procedimentales	Verbos actitudinales
Analizar	Aplicar	Aceptar
Clasificar	Diferenciar	Apreciar
Comparar	Diseñar	Colaborar
Comprender	Efectuar	Crear
Describir	Investigar	Integrar
Evaluar	Observar	Inventar
Explicar	Producir	Mostrar
Identificar	Programar	Participar
Relacionar	Simular	Interesar
Interpretar	Utilizar	Valorar

Ejemplo 3.4

- Pregunta de investigación: ¿Cuáles son los efectos de una sesión de ejercicio físico aeróbico sobre la capacidad de atención en estudiantes universitarios de La Serena, Chile?
- Objetivo general: Determinar si existen efectos de una sesión de ejercicio físico aeróbico sobre la capacidad de atención en la búsqueda visual en estudiantes universitarios de La Serena, Chile.

Ejemplo 3.5

- Pregunta de investigación: ¿Cuáles son los estilos de liderazgo preponderantes en el profesorado en formación de la carrera de pedagogía en educación física de una universidad de Talca, Chile?
- Objetivo general: Analizar los estilos de liderazgo preponderantes en el profesorado en formación de la carrera de pedagogía en educación física de una universidad de Talca, Chile.

3.3.2 Objetivos específicos

Corresponden al desglose de cómo alcanzar nuestro objetivo general. Los objetivos específicos deben relacionarse entre sí en forma clara y lógica, además al igual que los objetivos generales, también deben comenzar con un verbo. Generalmente se recomienda como mínimo 3 objetivos específicos. A continuación, se presentan algunos ejemplos:

Ejemplo 3.6

- Objetivo general: Determinar si existen efectos de una sesión de ejercicio físico aeróbico sobre la capacidad de atención en la búsqueda visual en estudiantes universitarios de La Serena, Chile.
- Objetivos específicos:
  - Conocer los niveles de atención en la búsqueda visual en estudiantes universitarios.
  - Aplicar una sesión de ejercicio físico aeróbico en los estudiantes universitarios.

-Comparar los resultados en los niveles de atención en la búsqueda visual en estudiantes universitarios pre y post intervención.

Ejemplo 3.7

- Objetivo general: Analizar son los estilos de liderazgo preponderantes en el profesorado en formación de la carrera de pedagogía en educación física de una universidad de Talca, Chile.
- Objetivos específicos:
  -Describir los estilos de liderazgo del profesorado en formación de la carrera de pedagogía en educación física.
  -Comparar los estilos de liderazgo del profesorado en formación de la carrera de pedagogía en educación física por año de estudio.
  -Comparar los estilos de liderazgo del profesorado en formación de la carrera de pedagogía en educación física por sexo.

3.4 JUSTIFICACIÓN DE LA INVESTIGACIÓN

Siempre que decidimos realizar una investigación debemos ser capaces de dar motivos por los cuales resulta importante la realización del estudio. Por ello deben existir razones que justifiquen nuestra investigación que pueden estar dados por el conocimiento que entregarán a la disciplina de la educación física en general o de una de sus ramas en particular. La justificación también puede estar dada por el beneficio que trae la implementación de un programa físico especial para mejorar algún aspecto motriz o la realización de una metodología orientada a un grupo de estudiantes.

Cualquiera sea la razón, debemos entregar antecedentes basados en la literatura (que hemos obtenido básicamente de nuestro marco teórico) sobre la importancia que tiene nuestra investigación para la disciplina de la educación física. Generalmente la justificación abarca diferentes ámbitos:

- Conveniencia: ¿para qué sirve nuestra investigación?
- Relevancia: ¿cuál es la importancia de los resultados de nuestra investigación para la sociedad o la disciplina?

- Aspectos aplicativos: ¿con la investigación se resolverá algún problema?
- Valor teórico: ¿se obtendrá algún conocimiento nuevo?
- Utilidad metodológica: ¿servirán los métodos de investigación utilizados para futuras investigaciones?

Mientras más de estos ámbitos abarque la investigación, la justificación será más consistente y será más fácil convencer al/la revisor/a de la importancia de realizar el estudio.

3.5 FACTIBILIDAD DE LA INVESTIGACIÓN

Otro aspecto importante en una investigación es la factibilidad o viabilidad, que tiene que ver con la posibilidad real de poder llevar a cabo el estudio. Existen muchas ideas que son muy buenas y resultarían en excelentes trabajos, sin embargo, por diversos motivos no se pueden realizar. Algunos de esos motivos son el tiempo (investigaciones muy largas de varios años), muestras muy difíciles de conseguir (muy pocas o ninguna persona que pueda participar en nuestra investigación), altos valores económicos para realizar la investigación (necesidad de comprar aparatos de valores muy elevados o traslados de personas para nuestro estudio que no podemos solventar), etc. Por eso resulta fundamental observar nuestras limitaciones para realizar la investigación, ya que sería una pérdida de tiempo generar una idea, revisar la literatura y plantear un problema de investigación que posteriormente no se podrá realizar.

3.6 CONSECUENCIAS DE LA INVESTIGACIÓN

Hace referencia a los efectos que pueden producir nuestra investigación sobre personas que participan en ella o sobre los resultados que obtenemos y que pueden servir para generar nuevos estudios con respecto al tema. Es importante aclarar estos puntos con los sujetos que participarán en las mediciones y resulta necesario obtener un consentimiento informado (anexo 1), donde ellos expliciten su participación voluntaria y autoricen la publicación de los resultados.

Por ejemplo, una medición del trabajo físico podría traer como consecuencia lesiones o dolor muscular tardío, razón por la cual resulta relevante dar a conocer posibles consecuencias de nuestras mediciones a los sujetos que participarán en nuestro estudio.

En el caso de pruebas escritas o encuestas, también resulta necesario aclarar posibles consecuencias de tipo emocional, cuando se trabaja con experiencias dolorosas (muerte de un familiar, separaciones, etc.).

Finalmente, nuestro trabajo puede constituirse como la base de futuros estudios e incluso abrir nuevas líneas de investigación en la disciplina. Por ejemplo, análisis sobre la relación entre la actividad física y el rendimiento académico en nivel escolar, podría generar nuevas investigaciones sobre la relación de estos dos aspectos, aumentar la cantidad de horas de educación física y cambiar estructuras curriculares en la educación.

Otro ejemplo, lo constituye la validación o construcción de una prueba que permitirá la utilización de ese instrumento en futuros estudios en nuestro país.

3.7 CONSIDERACIONES ÉTICAS EN LA INVESTIGACIÓN

Las consideraciones éticas son fundamentales en cualquier investigación, y en el ámbito de la educación física, estas adquieren una importancia aún mayor debido a la relación directa con individuos, comunidades y el proceso educativo en sí. Algunas consideraciones éticas clave que podrían ser relevantes para un trabajo de investigación son las siguientes:

- **Consentimiento informado:** corresponde a un documento donde los/as participantes de la investigación comprendan completamente el objetivo, los procedimientos y los posibles riesgos de la investigación antes de participar voluntariamente (Ver anexo 1).
- **Asentimiento informando:** es lo mismo que el consentimiento informado, pero este va dirigido a personas menores de edad (en el contexto chileno, para personas menores de 18 años), por lo que el lenguaje debe ser sencillo y el o los objetivos de investigación muy claros para ser comprendidos por las personas que deciden participar en el estudio (Ver anexo 2).
- **Carta de autorización:** corresponde a un documento donde se invita a una institución (ejemplo, una universidad o un colegio) a participar en la investigación, al igual que el consentimiento informado, este debe

poseer el/los objetivos del estudio y explicar el tiempo de la intervención, beneficios y riesgos con un lenguaje sencillo (Ver anexo 3).

- **Confidencialidad y anonimato:** se debe garantizar la confidencialidad de la información proporcionada por los/as participantes del estudio. Se sugiere utilizar códigos en lugar de datos personales y asegurándose de que no se pueda identificar a las personas de manera directa. También es relevante dejar una persona a cargo del acceso a la información con código de acceso en caso de pérdida, sobre todo cuando la información puede ser muy sensible y personal (aspectos psicológicos).

- **Beneficio y riesgos del estudio:** se debe informar los beneficios de la investigación a los/as participantes y en el caso de la no existencia, también se debe indicar que no lo conlleva. También se debe indicar los posibles riesgos, en el caso de una intervención de un programa de entrenamiento señalar que puede sentir dolores musculares producto del ejercicio físico, pero que estos desaparecen sin necesidad de un tratamiento. En el caso de un programa de estimulación motriz en el contexto escolar también se debe señalar que al participar puede sufrir un accidente, pero que inmediatamente se procederá según el protocolo del establecimiento educacional derivando al participante a enfermería.

- **Comité de ética:** es una entidad que revisa y aprueba los protocolos de investigación que involucran a seres humanos. Su principal objetivo es garantizar que la investigación se lleve a cabo de manera ética y respetuosa con los derechos y el bienestar de los participantes. Es necesario señalar que si su institución posee un comité de ética su estudio debe ser aprobado para poder ser ejecutado, para ello deben revisar los formularios para enviar la documentación necesaria, ya que esta puede variar según universidad.

Finalmente, es necesario señalar que estas orientaciones éticas son generales y que los formatos propuestos pueden variar según institución, por lo que es recomendable siempre consultar al/la encargo/a cómo proceder y así poder cumplir los protocolos establecidos por cada universidad.

Ejemplo 3.8

Ejemplo de apartado de consideraciones éticas en un proyecto o seminario de investigación:

La presente investigación se sustenta en la declaración ética de Helsinki (World Medical Asociation, 2013) que indican los principios éticos para trabajar con seres humanos, donde se tomaron los siguientes aspectos para el estudio:

- El investigador evaluó debidamente los posibles riesgos de las tareas y se le informó al participante.
- El investigador supervisó y monitoreó el desarrollo de la/s prueba/s para minimizar los riesgos de lesión, fatiga muscular y otros malestares que podrían ocasionar por la ejecución de la/s prueba/s.
- El investigador respetó y priorizó en todo momento el bienestar del participante durante el desarrollo del estudio.
- Se utilizó un mismo protocolo para cada sujeto que participó en la investigación, evitando así diferencias de cada evaluado.
- Se mantuvo la confidencialidad de los sujetos de la investigación, asignando números para la base de datos y utilizando los resultados sólo para fines científicos.
- Cada sujeto leyó y firmó un consentimiento informado explicando que la participación es voluntaria y teniendo la posibilidad abandonar cuando él desee el estudio (Ver Anexo 1).

Capítulo 4

PLANTEAMIENTO DE LAS HIPÓTESIS

Las hipótesis representan respuestas tentativas a nuestras preguntas de investigación basándose en los objetivos del estudio. Toda hipótesis necesariamente plantea la relación de al menos dos variables. Cuando se realiza una revisión de la literatura el/la investigador/a adopta una teoría, que es un conjunto de argumentos que se relacionan entre sí y explican y predicen un fenómeno. De aquí elaboramos nuestro planteamiento del problema y de la suma de ambas construimos nuestras hipótesis. Los cuatro pasos están completamente relacionados: la pregunta de investigación, el objetivo general, los objetivos específicos y las hipótesis, ya que siempre debe existir coherencia entre todas ellas.

Ejemplo 4.1

H_1= El entrenamiento aeróbico durante 4 meses disminuye el porcentaje de grasa corporal en estudiantes universitarios.

H_1= El estrés físico inducido por cargas de trabajo afecta la visión periférica de seleccionados nacionales de voleibol, hándbol y básquetbol.

H_1= El ejercicio físico continúo mejora la percepción de la calidad de vida en adultos mayores.

H_1= La planificación diaria de las clases de educación física mejora el logro de los aprendizajes esperados.

Es importante recordar que una hipótesis debe poseer variables reales, que se relacionen entre sí y que sean medibles.

4.1 TIPOS DE HIPÓTESIS

4.1.1 Hipótesis de investigación

También se les conoce como hipótesis de trabajo. Corresponden a las respuestas tentativas a las preguntas de investigación y objetivos del estudio. Siempre se formulan de manera afirmativa. Se simbolizan con H_1, H_2, H_3, etc. A su vez las hipótesis de investigación se dividen en:

a) **Hipótesis descriptivas:** Son aquellas que hacen referencia a características particulares de un fenómeno, es decir, nombran los valores que alcanza una variable.

Ejemplo 4.2

H_1= El estudiantado de primer año de la carrera de educación física de una universidad de Talca presentan un estilo de liderazgo preferentemente democrático.

H_1= La mayoría de los colegios municipales de la ciudad de Santiago poseen talleres extra-programáticos deportivos para sus estudiantes de enseñanza primaria.

H_1= Los estudiantes de enseñanza secundaria del colegio Francisco Hurtado presentan baja motivación para la realización de las clases de educación física.

---

b) **Hipótesis de comparación de grupos:** Son aquellas que muestran diferencias entre grupos.

Ejemplo 4.3

H_1= El estudiantado de primer año de la carrera de pedagogía en educación física presentan diferencias en los estilos de liderazgo según su sexo.

H_1= Los colegios particulares de la ciudad de Santiago poseen un mayor número de talleres extra-programáticos deportivos que los colegios municipales de la misma ciudad.

H₁= Los estudiantes de enseñanza secundaria del colegio Francisco Hurtado presentan niveles más bajos de motivación en la clase de educación física en comparación de los estudiantes de enseñanza primaria del mismo establecimiento.

c) **Hipótesis correlacionales:** Son aquellas que presentan relación entre variables. Esta relación puede ser positiva (cuando una variable aumenta la otra también aumenta, o cuando una disminuye la otra también lo hace) o negativa (cuando una variable aumenta la otra disminuye).

Ejemplo 4.4

H₁= Las horas semanales de práctica de ejercicio físico se relacionan con el nivel de las cualidades físicas y el bienestar subjetivo en adultos mayores.

H₁= Los estilos de liderazgo se relacionan con el rendimiento académico del estudiantado de pedagogía en educación física de una universidad de Talca.

H₁= Mientras mayor es la cantidad de años practicando *running* menor es el porcentaje de grasa corporal en personas oficinistas de Santiago de Chile.

Las dos primeras hipótesis anteriores son relaciones positivas (puntajes altos en una variable significarían puntajes altos en la otra también) y la tercera es una hipótesis de relación negativa (a mayor cantidad de años realizando *running* menor porcentaje de grasa).

d) **Hipótesis de causalidad:** Son aquellas que relacionan variables, donde una de ellas origina a la otra.

Ejemplo 4.5

H₁= El aumento de la hipertrofia muscular produce aumento de los niveles de fuerza en los adultos mayores.

H_1= Las danzas folclóricas estimulan el desarrollo del ritmo, equilibrio y tono muscular lo que repercute en una mejora de la motricidad gruesa de los estudiantes de 1° y 2° año de primaria.

H_1= El profesorado de educación física que realizan especializaciones en salud obtienen herramientas teórico-prácticas que le permiten desarrollar de mejor manera programas para enfrentar los niveles de sedentarismo en la enseñanza escolar.

4.1.2 Hipótesis nulas

También corresponden a respuestas tentativas a la pregunta de investigación, pero se formulan de manera negativa. Son el contrario de la hipótesis de investigación y por cada una de ellas debe existir una hipótesis nula. Estas hipótesis también se dividen en: descriptivas, de diferencias de grupos, correlacionales y de causalidad. Se simbolizan con H_{01}, H_{02}, H_{03}, etc.

Ejemplo 4.6

H_1= El estudiantado de primer año de la carrera de pedagogía en educación física presentan un estilo de liderazgo preferentemente democrático.

H_{01}= El estudiantado de primer año de la carrera de pedagogía en educación física no presentan un estilo de liderazgo preferentemente democrático.

Ejemplo 4.7

H_2= Los/as estudiantes de enseñanza secundaria del colegio Francisco Hurtado presentan niveles más bajos de motivación para participar en las clases de educación física en comparación con los/as estudiantes de enseñanza primaria del mismo establecimiento.

H_{02}= Los estudiantes de enseñanza secundaria del colegio Francisco Hurtado presentan niveles similares o mayores de motivación para participar en las clases de educación física en comparación con los/as estudiantes de enseñanza primaria del mismo establecimiento.

Ejemplo 4.8

H_3= El entrenamiento de la fuerza durante 3 meses mejora la condición física en personas mayores.

H_{03}= El entrenamiento de la fuerza durante 3 meses no es suficiente para mejorar la condición física en personas mayores.

En el caso de las hipótesis de investigación que postulan diferencias de grupos, la hipótesis nula siempre será de igualdad de ellos. Estas hipótesis son muy importantes, ya que los análisis estadísticos (que veremos posteriormente) se orientan a aceptar o rechazar las hipótesis nulas.

4.1.3 Hipótesis alternativas

Corresponde a hipótesis que sólo se formulan si existen otras posibilidades de respuestas además de la hipótesis de investigación y la nula. Se simbolizan como H_{a1}, H_{a2}, H_{a3}, etc. Es importante aclarar que sólo existen hipótesis nulas para las hipótesis de investigación, es decir, las hipótesis alternativas no tienen hipótesis nulas.

Ejemplo 4.9

H_1= El estudiantado de primer año de la carrera de pedagogía en educación física presentan un estilo de liderazgo preferentemente democrático.

H_{01}= El estudiantado de primer año de la carrera de pedagogía en educación física no presentan un estilo de liderazgo preferentemente democrático.

H_{a1}= El estudiantado de primer año de la carrera de pedagogía en educación física presentan un estilo de liderazgo preferentemente transformacional.

H$_{a2}$= El estudiantado de primer año de la carrera de pedagogía en educación física presentan un estilo de liderazgo preferentemente situacional.

H$_{a3}$= El estudiantado de primer año de la carrera de pedagogía en educación física presentan un estilo de liderazgo preferentemente autoritario.

Ejemplo 4.10

H$_1$= Los/as niños/as de enseñanza primaria son capaces de recordar entre 5 y 7 instrucciones para la realización de juegos deportivos.

H$_{01}$= Los/as niños/as de enseñanza primaria no son capaces de recordar entre 5 y 7 instrucciones para la realización de juegos deportivos.

H$_{a1}$= Los/as niños/as de enseñanza primaria son capaces de recordar menos de 5 instrucciones para la realización de juegos deportivos.

H$_{a2}$= Los/as niños/as de enseñanza primaria son capaces de recordar más de 7 instrucciones para la realización de juegos deportivos.

4.2 CARACTERÍSTICAS DE LAS HIPÓTESIS EN UNA INVESTIGACIÓN

En primer lugar, resulta importante aclarar que en una investigación deben existir al menos una hipótesis de investigación y nula. Estas pueden ser descriptivas, de diferencias de grupos, correlacionales y de causalidad, existiendo de un tipo o de varias en el mismo estudio.

En ocasiones los resultados de nuestra investigación no apoyan nuestras hipótesis de investigación, ya que no se cumple lo que esperábamos (por ejemplo, un programa de entrenamiento aplicado no produjo los cambios esperados). Esto no significa que el estudio no sirva, ya que igualmente aporta conocimiento sobre un fenómeno. Es cierto que todo investigador espera que sus predicciones se cumplan, pero un trabajo con resultados que apoyan la hipótesis nula sirve para generar nuevas líneas o incluir otras variables en los futuros estudios sobre la misma temática.

Una investigación debe tener hipótesis por cada objetivo específico que necesite ser probado. En algunos objetivos no es posible establecer hipótesis, ya que no existen posibilidades de respuestas a ellos. Por ejemplo, una comparación de dos grupos (varones v/s damas) necesita ser probado, por lo tanto, es necesario formular hipótesis para el objetivo que plantea la comparación de esos grupos. Por otro lado, un objetivo que plantea la aplicación de una prueba no necesita ser probado, ya que el objetivo nos indica que el investigador utilizará una prueba en un grupo de sujetos, no hace referencia a los resultados, sólo a la aplicación de la prueba, razón por la cual no necesita una respuesta tentativa.

Ejemplo 4.11

- Objetivo general: Determinar si existen efectos de una sesión de ejercicio físico aeróbico sobre la capacidad de atención en la búsqueda visual en estudiantes universitarios La Serena, Chile.
- Objetivos específicos:
  -Conocer los niveles de atención en la búsqueda visual en estudiantes universitarios antes de la intervención.
  -Aplicar una sesión de ejercicio físico aeróbico a los estudiantes de la muestra.
  -Comparar los resultados en los niveles de atención en la búsqueda visual en estudiantes universitarios pre y post intervención.
- Hipótesis:
  H_1= Existen efectos de una sesión de ejercicio físico sobre la atención en la búsqueda visual en los estudiantes de la muestra.
  H_{01}= No es suficiente una sesión de ejercicio físico para modificar los niveles de atención en la búsqueda visual en los estudiantes de la muestra.

En este caso los objetivos que plantean conocer los niveles de atención en la búsqueda visual antes y después de la intervención y aplicar la sesión de ejercicio aeróbico no llevan hipótesis, ya que no pueden ser probados, no necesitan una respuesta tentativa.

Ejemplo 4.12

- Objetivo general: Determinar los estilos de liderazgo preponderantes en el profesorado en formación de la carrera de pedagogía en educación física de una universidad de Santiago de Chile.
- Objetivos específicos:
  -Conocer los estilos de liderazgo del profesorado en formación de la muestra.
  -Comparar los estilos de liderazgo del profesorado en formación de la muestra por año de estudio.
  -Comparar los estilos de liderazgo del profesorado en formación de la muestra según sexo.
- Hipótesis:
  H_1= El profesorado en formación de la muestra presentan diferentes preferencias por un estilo de liderazgo según el año de estudio.
  H_{01}= Todo el profesorado en formación presentan la misma preferencia por un estilo de liderazgo independiente del año de estudio que cursa.
  H_2= Existen diferencias en los estilos de liderazgo del profesorado en formación de la muestra según su sexo.
  H_{02}= No existen diferencias en los estilos de liderazgo en el profesorado en formación de la muestra según su sexo.

Capítulo 5

METODOLOGÍA:
TIPOS DE INVESTIGACIÓN

Una vez que hemos revisado la literatura y hemos planteado el problema debemos definir cuál será el tipo de investigación que utilizaremos para nuestro estudio. Estos se clasifican en exploratorios, descriptivos, correlacionales y explicativos.

5.1 ESTUDIOS EXPLORATORIOS

Son los que se realizan cuando no existen muchos antecedentes sobre el tema que deseamos investigar o la literatura muestra estudios similares, pero en contextos diferentes (otro país, sujetos muy diferentes, con otros instrumentos, etc.). En general esto sirve para familiarizarse con el tema de investigación y puede ser utilizado como la primera parte de un estudio, pero no es recomendable utilizarlos como investigaciones en sí mismas. En la actualidad existen pocos temas de investigación que sean exploratorios, ya que se requieren nuevas áreas de estudio o estudiar ciertos fenómenos durante décadas para establecer su evolución.

Ejemplo 5.1

Algunos estudios exploratorios son:

- Efectos del estilo de crianza sobre la práctica de actividad física en niños/as nacidos en 2020 tras dos décadas de seguimiento.
- Implicancias de una nueva enzima sobre las cascadas moleculares que influyen en los factores neurotróficos (BDNF) en adolescentes que practican carreras de resistencia.

5.2 ESTUDIOS DESCRIPTIVOS

Son los que describen características del fenómeno estudiado, tomando varios de sus aspectos y midiéndolos en forma independiente. Estas investigaciones poseen una base teórica más fuerte que los estudios exploratorios. Generalmente los estudios descriptivos son comparativos, de otra forma es muy difícil sostener un problema de investigación con la sola descripción de un fenómeno aislado.

Ejemplo 5.2

Algunos estudios descriptivos-comparativo son:

- Resultados de la Evaluación Nacional Diagnóstica (END) de educación física en Chile según región y tipo de establecimiento educacional.
- Nivel de cualidades físicas en estudiantes de primer año de la carrera de educación física de tres universidades de Temuco.
- Índice de obesidad en estudiantes de primer año básico de colegios de diferentes comunas de la Región Coquimbo.

5.3 ESTUDIOS CORRELACIONALES

Son aquellos que buscan establecer relaciones entre variables y posteriormente analizan la correlación. Estas investigaciones se basan en marcos teóricos elaborados, en donde se pueda establecer posibles relaciones entre variables. Esto resulta importante, ya que una investigación orientada hacia una correlación que no existe resulta una pérdida de tiempo y esfuerzo. Las variables se pueden relacionar de dos formas: a) una correlación positiva, donde el incremento de una variable se asocia al incremento de la otra, o bien, la disminución de una variable se asocia a la disminución de la otra; b) una correlación negativa o inversa, donde el incremento de una variable se asocia con la disminución de la otra.

Ejemplo 5.3

Algunos estudios correlacionales son:

- Relación entre la práctica de ejercicio físico y la composición corporal en una muestra de estudiantes de secundaria de la Región Atacama.
- Relación entre las horas de estudio, ejercicio físico y el rendimiento académico en una muestra de estudiantes de enseñanza secundaria de dos colegios de Temuco de Chile.
- Relación entre las horas de trabajo y la práctica de actividad física en profesionales de 35 a 40 años de la ciudad de Concepción.

5.4 ESTUDIOS EXPLICATIVOS

Son aquellos que van más allá de la descripción y estudio de relaciones entre variables, sino que responden a las causas que originan un fenómeno, explican como una o más variables provocan otra. Estos estudios son profundos y regularmente requieren de mucha tecnología y recursos para su ejecución.

Ejemplo 5.4
Algunos estudios explicativos son:

- Motivos del aumento de la masa muscular con el entrenamiento físico.
- Causas de la falta de motivación de los estudiantes de enseñanza secundaria por la clase de educación física.
- Explicación de los cambios curriculares de la malla de la carrera de educación física en los últimos 20 años.

El tipo de investigación que utilizaremos vendrá determinado por la información que existe en la literatura sobre el tema (si es poca puede ser exploratoria o descriptiva, si existe una fuerte base teórica puede ser correlacional o explicativa) y de la orientación que quiera darle a su trabajo (las orientaciones que le interesen al/la investigador/a sobre el tema).

Ejemplo 5.5

- **Objetivo general:** Determinar si existen efectos de una sesión de ejercicio físico aeróbico sobre la capacidad de atención en la búsqueda visual en estudiantes universitarios.
- **Tipo de investigación:** Descriptiva-comparativa

En este caso el objetivo general plantea determinar los efectos de una sesión de ejercicio aeróbico (variable independiente) sobre la capacidad de atención en la búsqueda visual (variable dependiente). Se busca conocer si una pudiera tener efecto sobre la otra, por lo tanto, el tipo de investigación que más de ajusta es la descriptiva-comparativa.

Ejemplo 5.6

- **Objetivo general:** Relacionar la práctica de ejercicio físico con el rendimiento académico de los estudiantes de cuatro colegios de enseñanza secundaria de Santiago de Chile.
- **Tipo de investigación:** Correlacional

En este caso el objetivo general plantea conocer si la práctica de ejercicio físico se relaciona con las calificaciones obtenidas por la muestra. Se busca determinar si los sujetos que realizan más ejercicio físico (por ejemplo, más horas semanales) son los que poseen las mejores notas y viceversa, si los sujetos con menor práctica de ejercicio físico poseen las calificaciones más bajas, o si en realidad no existe relación entre ambas variables. El tipo de investigación que más se ajusta es la correlacional.

Capítulo 6

METODOLOGÍA: DISEÑOS DE INVESTIGACIÓN I

Una vez establecidas las hipótesis y el tipo de investigación debemos estructurar la forma práctica por la cual podremos responder nuestras preguntas de investigación. Para esto utilizaremos un diseño de investigación, que no es otra cosa que una estrategia para responder nuestros cuestionamientos. Los diseños de investigación se dividen en dos grandes grupos: diseños experimentales y diseños no experimentales. Los primeros a su vez se dividen en pre-experimentos, experimentos puros y cuasiexperimentos. Los segundos se dividen en diseños transeccionales y longitudinales (Fig. 6.1).

Es importante mencionar que ningún diseño de investigación es mejorar que otro, todos son igualmente útiles y su elección va a depender de que es lo que deseamos conocer de la realidad.

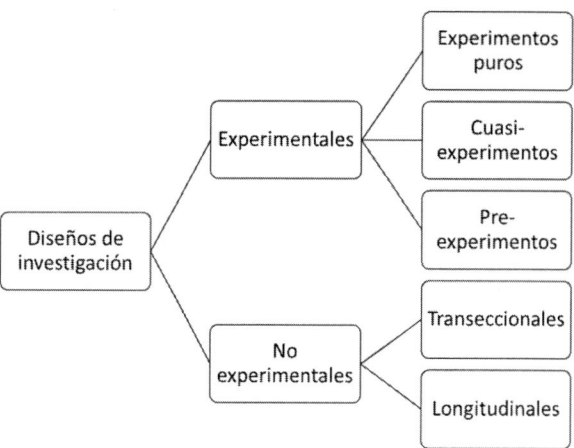

Figura 6.1 *Clasificación de los diseños de investigación.*

Un diseño experimental es aquel donde se manipula deliberadamente al menos una variable (independiente), para ver cómo afecta a una o más variables (dependientes) controlando un tercer tipo de variable (intervinientes). Por ejemplo, queremos conocer el efecto de un programa de ejercicio físico y alimentación (variable independiente) sobre la composición corporal (variable dependiente) de estudiantes de enseñanza secundaria de colegios de la comuna de Santiago, controlando la práctica de ejercicio fuera del colegio y el nivel socioeconómico de la muestra (variables intervinientes).

6.1 CONSIDERACIONES PARA UN ESTUDIO EXPERIMENTAL

6.1.1 Validez interna de un experimento

Cuando realizamos un experimento y no estamos seguros de que la variable independiente provocó o no los cambios en la variable dependiente, se dice que se ha provocado una invalidación interna del experimento y los resultados no son confiables. Las causas más comunes de invalidación de un experimento son:

a) **Historia**: acontecimientos que ocurren en períodos muy cercanos a la realización del experimento. Por ejemplo, si queremos conocer la motivación de los/as profesores/as de educación física de los colegios municipales de la comuna de Santiago ante la realización de sus clases y hace dos semanas han recibido un aumento del sueldo, eso se constituye como un hecho de invalidación interna, ya que sus niveles de motivación estarán modificados por un hecho de la historia de sus días recientes.

b) **Maduración**: Cuando las mediciones son realizadas con intervalos muy extensos de tiempo (varios meses o años), los resultados pueden ser modificados no por la acción de la variable independiente, sino por la maduración física o psicológica de los sujetos. Esto se da muy a menudo en las etapas de primera infancia y en el período de madurez sexual. Por ejemplo, si deseamos conocer los efectos de un entrenamiento sobre los niveles de fuerza en estudiantes de 11 y 12 años, los cambios pueden ser provocados por la maduración sexual que experimentan los/as jóvenes en esa etapa (incremento de testosterona) y que influirán en el aumento de la fuerza, sin poder asegurar que fue el entrenamiento lo que provoco dicho aumento.

c) **Inestabilidad de las mediciones**: cuando los resultados de un experimento son afectados por las personas que aplican la prueba (diferentes sujetos con diferentes técnicas de aplicación) o existen factores externos que afectan las mediciones (temperatura, días de la semana, horas del día, etc.).

d) **Administración de las pruebas**: ocurre cuando un sujeto ha respondido o realizado con anterioridad una prueba lo que puede influir sobre los resultados. También sucede cuando en un mismo experimento se realizan demasiadas mediciones con la misma prueba, ya que los sujetos comienzan a mecanizar la ejecución o memorizan las respuestas.

e) **Cambios en el instrumento de medición**: ocurre cuando los grupos que serán comparados son medidos con diferentes instrumentos (pruebas de conocimiento diferentes, distintivas pruebas de capacidad aeróbica, diferentes encuestas, etc.). También ocurre cuando la primera medición es realizada con un instrumento y tras la intervención se utiliza un instrumento diferente al usado la primera vez (cuando medimos pliegues cutáneos debemos utilizar el mismo adipómetro en todas las mediciones y en todos los grupos).

f) **Regresión estadística**: está dada por puntuaciones extremas que ocurren durante una medición. Si aplicamos una prueba y los resultados de los grupos son demasiado buenos o malos, es posible que un evento externo durante la medición haya provocado dichos resultados. De ser así en las próximas mediciones los sujetos tenderán a volver a sus valores medios, razón por la cual no es posible la comparación de los resultados. Cuando sucede esto se recomienda esperar un par de semanas y volver a realizar la prueba, con ello los resultados volverán a su tendencia normal.

g) **Selección**: esto ocurre cuando los grupos que deseamos comparar no son equivalentes. Por ejemplo, queremos medir el nivel de aprendizaje de un estilo en natación y generamos dos grupos de estudio, pero la asignación a los grupos no es al azar. Entonces es posible que un grupo este constituido por estudiantes que poseen habilidades y experiencia en natación y el otro grupo no, razón por la cual los resultados no son comparables.

h) **Mortalidad experimental**: hace referencia a la pérdida de sujetos durante el experimento. Esto sucede, sobre todo cuando las investigaciones son a largo plazo. Por ejemplo, deseamos medir la evolución de una cualidad física durante 1 año, realizando mediciones cada tres meses. Sin embargo, comenzamos con una cantidad X de sujetos, pero a medida que pasa el tiempo la gente se retira del experimento y terminamos con una muestra muy pequeña o con demasiada diferencia en el tamaño de los grupos que comparamos.

i) **Interacción entre sujetos y experimentador/a**: a veces la predisposición de los sujetos hacia el investigador/a puede alterar los resultados de las pruebas (no respondiendo la encuesta o realizando de mala forma un ejercicio) o el mismo investigador/a con su ansiedad, orienta los resultados de los sujetos hacia lo que él/ella espera. No es recomendable que los sujetos sean familiares o conocidos del investigador/a, tampoco deben conocer las hipótesis o finalidad de la investigación, ya que eso podría orientar en algún sentido sus respuestas o su desempeño. Generalmente, se recomienda el **procedimiento de ciego único** (donde los sujetos desconocen los objetivos del experimento y así no pueden *ajustarse* a ellos) y **procedimiento de doble ciego** (donde el experimentador y los sujetos desconocen los objetivos del experimento, así se pide a un experimentador/a que aplique un procedimiento, pero sin saber la finalidad de este).

El control y la validez interna se logran con varios grupos de comparación (al menos dos) y que los grupos sean equivalentes entre sí, es decir, los sujetos deben ser asignados al azar a cada grupo.

6.1.2 Validez externa de un experimento

Hace referencia a cuan generalizable son los resultados de nuestro experimento. Cuando hacemos una investigación para mejorar las cualidades físicas de estudiantes de 1º año de enseñanza primaria de Santiago, no nos resulta posible evaluarlos/as a todos/as, por lo tanto, utilizamos un pequeño grupo para nuestro estudio. La validez externa tiene que ver con la posibilidad de predecir que el resultado encontrado en nuestro grupo corresponde a lo que sucede con la mayoría de los sujetos en la realidad (si los niveles de las cualidades físicas mejoran en nuestro grupo de investigación ¿mejoraran de manera similar en todos los estudiantes de 1° año de primaria de Santiago si fuese expuesto al mismo tratamiento?).

Las causas más comunes de invalidación externa son:

a) **Efectos de la pre-prueba**: cuando la aplicación de la pre-prueba antes de la intervención puede alterar los resultados de las mediciones tras la intervención. Por ejemplo, a un grupo de estudiantes le aplicamos una pre-prueba de un circuito de coordinación, luego se realiza una clase orientada a ese ámbito y se le vuelve a aplicar la prueba. Es posible que la realización anterior del circuito afecte los resultados de la post-prueba, ya que conocen y han desarrollado la evaluación.

b) **Errores en la selección**: cuando los sujetos que conforman los grupos poseen ciertas características que permiten un mejor desempeño en las pruebas que el promedio de las personas. Esto suele ocurrir cuando se seleccionan voluntarios/as para una prueba, ya que ellos generalmente presentan cierta afinidad con la evaluación. Por ejemplo, el investigador desea conocer los efectos del ejercicio físico sobre los niveles de motivación de estudiantes universitarios/as y se piden sujetos voluntarios/as. Los grupos pueden estar conformados con personas altamente motivadas/os o que disfrutan del ejercicio físico, razón por la cual los resultados no pueden ser contrastados con toda la población.

c) **Efectos artificiales del tratamiento experimental**: ocurre cuando los sujetos saben que son parte de un experimento y reaccionan de la manera más adecuada a dicha situación. Por ejemplo, si deseamos evaluar la motivación y autopercepción del estrés tras la aplicación de una sesión de juegos y ejercicios de relajación, los/as participantes podrían contestar las pruebas influenciados porque se espera que la sesión tenga efectos positivos y no por lo que ellos/as realmente perciben. Es importante que los sujetos no se sientan presionados a realizar o contestar ciertas cosas que se adecuan al experimento.

d) **Tratamiento con efectos irreversibles**: Si los efectos de un tratamiento no son reversibles, los resultados sólo son aplicables al grupo experimental. Por ejemplo, cuando un investigador/a desea conocer la función de ciertos genes en un ratón, debe realizar una modificarlo genéticamente (el animal recibe el nombre de ratón knockout) de manera que dichos genes se *silencien* y así comprender como afecta el desarrollo o la conducta del animal. Este tipo de acciones no son reversibles.

e) **Imposibilidad de replicar los tratamientos**: ocurre cuando los tratamientos son tan complejos que no es posible volver a realizarlos en un nuevo experimento. Por ejemplo, un estudio que requiera aplicar intervenciones de ejercicio físico en condiciones muy extremas (en la antártica, a 5.000 mts. sobre el nivel del mar, en grandes profundidades marinas, etc.) o de intervenciones con tecnologías difíciles de conseguir por su alto costo. En ambos casos los experimentos son muy difíciles de replicar.

6.1.3 Mediciones en un experimento

La forma de representación más sencilla de un experimento es:

$$RG_1 \quad O_1 \quad X_1 \quad O_2$$
$$RG_2 \quad O_3 \quad - \quad O_4$$

Donde:
R = Asignación al azar
G = Grupo de sujetos
X = Tratamiento
O = Medición
-- = Ausencia de tratamiento

En el esquema anterior RG_1 corresponde al **grupo experimental** cuyos sujetos fueron asignados al azar y que será medido en un primer momento (O_1) luego se aplicará una intervención como un taller, sesiones, clases, etc. (X_1) y posterior a la intervención será medido nuevamente (O_2). Por su parte, el RG_2 corresponde a **grupo control**, cuyos sujetos fueron asignados al azar y que será medido en un primer momento (O_3) y pasado el mismo tiempo que tarda la intervención del grupo RG_1 será medido nuevamente (O_4). Este experimento posee dos instancias de medición (pre y post-intervención).

Por lo tanto, el grupo experimental corresponde al grupo que es sometido a una intervención para ver su efecto sobre una variable dependiente y el grupo control es aquel que no es intervenido, pero igualmente es medido.

En un experimento los grupos pueden ser medidos una vez antes y después de la intervención, varias veces antes y después de la intervención, puede aplicarse varias veces el tratamiento, etc. Los diseños de mediciones más utilizadas en los experimentos son:

a) **Con post-prueba única** (sólo existe medición de la variable dependiente después del tratamiento).

$$RG_1 \quad X_1 \quad O_1$$
$$RG_2 \quad - \quad O_2$$

b) **Con pre y post prueba** (existe medición de la variable dependientes antes y después del tratamiento).

$$RG_1 \quad O_1 \quad X_1 \quad O_2$$
$$RG_2 \quad O_3 \quad - \quad O_4$$

c) **De Solomon** (es una combinación de los dos anteriores, sirve para conocer el efecto que podría causar la pre-prueba).

$$RG_1 \quad O_1 \quad X_1 \quad O_2$$
$$RG_2 \quad O_3 \quad X_1 \quad O_4$$
$$RG_3 \quad - \quad X_1 \quad O_5$$
$$RG_4 \quad - \quad - \quad O_6$$

d) De series cronológicas

- Diseño con series cronológicas únicamente con post-pruebas (existen múltiples mediciones de la variable dependiente después del tratamiento, sirve para conocer los efectos a medida que pasa el tiempo).

$$RG_1 \quad X_1 \quad O_1 \quad O_2 \quad O_3$$
$$RG_2 \quad - \quad O_4 \quad O_5 \quad O_6$$

- Diseño de series cronológicas con pre y post-pruebas (existen múltiples mediciones de la variable dependiente antes y después del tratamiento). Puede ser con una pre y varias post-pruebas o con varias pre y varias post-pruebas.

$$RG_1 \quad O_1 \quad X_1 \quad O_2 \quad O_3 \quad O_4$$
$$RG_2 \quad O_5 \quad - \quad O_6 \quad O_7 \quad O_8$$

$$RG_1 \quad O_1 \quad O_2 \quad O_3 \quad X_1 \quad O_4 \quad O_5 \quad O_6$$
$$RG_2 \quad O_7 \quad O_8 \quad O_9 \quad - \quad O_{10} \quad O_{11} \quad O_{12}$$

e) Con series cronológicas y tratamientos repetidos (buscan conocer el efecto de un tratamiento sumativo a lo largo del tiempo).

$$RG_1 \quad O_1 \quad X_1 \quad O_2 \quad X_1 \quad O_3$$
$$RG_2 \quad O_4 \quad - \quad O_5 \quad - \quad O_6$$

f) Con tratamientos múltiples (buscan conocer el efecto de varios tratamientos diferentes y sumativos a lo largo del tiempo).

$$RG_1 \quad O_1 \quad X_1 \quad O_2 \quad X_2 \quad O_3 \quad X_3 \quad O_4$$
$$RG_2 \quad O_5 \quad - \quad O_6 \quad - \quad O_7 \quad - \quad O_8$$

6.2 DISEÑOS EXPERIMENTALES

Existen tres tipos de diseños experimentales en el enfoque cuantitativo: 1) experimentos puros; 2) cuasi-experimentos; 3) pre-experimentos. A continuación, se describen cada uno con sus respectivos ejemplos.

Tabla 6.1. *Ejemplo de diseño de Experimentos Puros*

Experimentos puros	Medición 1	Intervención	Medición 2
Grupo experimental	Niveles de estrés	12 sesiones de ejercicio físico de 45 minutos	Niveles de estrés
Grupo control	Niveles de estrés	*Sin intervención*	Niveles de estrés
Características	La selección de la muestra es al azar al igual que la asignación del grupo experimental y control.		

Tabla 6.2. Ejemplo de diseño cuasi-experimental

Experimentos puros	Medición 1	Intervención	Medición 2
Grupo experimental	Niveles de estrés	12 sesiones de ejercicio físico de 45 minutos	Niveles de estrés
Grupo control	Niveles de estrés	*Sin intervención*	Niveles de estrés
Características	La muestra no es al azar y a partir de ello, los sujetos son asignados al grupo control y experimental de manera homogénea.		

Tabla 6.3. Ejemplo de diseño pre-experimental.

Experimentos puros	Medición 1	Intervención	Medición 2
Grupo experimental	Niveles de estrés	12 sesiones de ejercicio físico de 45 minutos	Niveles de estrés
Características	La muestra no es al azar y no posee grupo control, por lo tanto, este diseño se recomienda su utilización para una prueba piloto (para corroborar que el protocolo sea adecuado) y luego pasar a un diseño cuasi-experimental o puro.		

6.3 DISEÑOS EXPERIMENTALES PUROS

Los experimentos puros también son llamados experimentos verdaderos. En estos casos una o más variables independientes se manipulan y se observa el efecto sobre una o más variables dependientes, midiéndola antes y después de la intervención. Para que un diseño sea experimental puro la muestra debe ser escogida al azar entre la población y luego la asignación al grupo experimental o control también debe ser al azar.

Ejemplo 6.1

Un investigador/a quiere conocer el efecto de un programa de 12 semanas de ejercicio físico sobre los niveles de estrés de un grupo de trabajadores/as.

- Variable dependiente: niveles de estrés
- Variable independiente: programa de ejercicio físico.

En el estudio se debe medir los niveles de estrés antes y después de la intervención, así podremos saber si nuestra variable dependiente ha sufrido un cambio o permanece igual.

Ejemplo 6.2

Un investigador/a desea conocer los efectos de una nueva metodología para enseñar tácticas de defensa en básquetbol a estudiantes de 1º de enseñanza secundaria de un colegio de Valparaíso.

- Variable dependiente: táctica de defensa en el básquetbol
- Variable independiente: nueva metodología.

Se mide el desempeño de la muestra en la defensa del básquetbol, luego se aplica la nueva metodología y finalmente se vuelve a medir el desempeño de la muestra.

La manipulación de la variable independiente tiene que poseer dos o más grados, es decir, que la variable que vamos a aplicar debe tener al menos dos opciones. La manipulación más simple es **presencia-ausencia** de una variable.

Ejemplo 6.3

Un investigador/a quiere conocer el efecto de un programa de 12 semanas de ejercicio físico sobre los niveles de estrés de un grupo de trabajadores/as.

La variable independiente (programa de ejercicio físico) debe poseer al menos dos opciones: presencia-ausencia. Eso significa que debemos formar dos grupos de trabajadores/as. Ambos grupos son medidos inicialmente (niveles de estrés) a un grupo le aplicamos el programa de entrenamiento (presencia de la variable) y al otro grupo no le aplicamos ningún tipo de intervención (ausencia de la variable). Finalmente medimos los niveles de estrés de ambos grupos y comparamos antes y después.

En un experimento, si ambos grupos son expuestos a las mismas situaciones, con excepción de la variable independiente (programa de ejercicio físico en el ejemplo 6.3) y se presentan cambios en el grupo al que aplicamos dicho programa, podemos pensar que los cambios son provocados por la presencia de la variable independiente. Por el contrario, si ambos grupos (con presencia y ausencia del programa de ejercicio) presentan cambios, estos **no son producto de la variable independiente**, ya que sólo uno de ellos ha sido expuesto al entrenamiento. Entonces podemos suponer que son otros factores (variables intervinientes) las que provocan dichos cambios.

En los experimentos la variable independiente también recibe el nombre de **tratamiento experimental** o intervención.

Además de la presencia-ausencia es posible manipular la variable independiente en más de dos grados.

Ejemplo 6.4

Un investigador/as quiere conocer el efecto de un programa de 12 semanas de ejercicio físico sobre los niveles de estrés de un grupo de

---

trabajadores/as.

La variable independiente (programa de ejercicio físico) puede presentar varios niveles: ejercicio aeróbico, ejercicio anaeróbico, ejercicio mixto y ausencia de entrenamiento. Eso significa que debemos formar cuatro grupos de trabajadores. Todos son medidos inicialmente (niveles de estrés) a cada grupo se le aplica un grado de la variable independiente y finalmente son medidos tras la intervención. Con esto podemos determinar qué tipo de trabajo es más efectivo para disminuir los niveles de estrés.

Otro tipo de manipulación de la variable independiente puede ser aplicar el mismo programa de ejercicio físico, pero un grupo realizarlo 2 veces por semana, otro 3 veces, un tercer grupo 5 veces y un grupo que no realiza ningún entrenamiento.

6.4 DISEÑOS CUASI-EXPERIMENTALES

Estos diseños siguen las mismas normas que los experimentos puros, pero difieren en algo fundamental: **falta de aleatorización**, ya sea que los sujetos de la muestra no son seleccionados al azar dentro de la población (situación que se estudiará en el capítulo 8) o los sujetos no son asignados al azar al grupo experimental y control.

Ejemplo 6.6

Un investigador/a desea conocer los efectos de una nueva metodología para aprender voleibol en diferentes colegios. Los grupos ya están constituidos, puesto que los cursos en diferentes colegios ya estaban formados. No hay asignación al azar.

Los diseños cuasi-experimentales presentan problemas de validez interna y externa, debido a la posibilidad de que los grupos iniciales del estudio no sean equiparables. Esto se puede solucionar controlando todas las variables intervinientes que pudiesen alterar los resultados (en el ejemplo anterior conociendo las horas de educación física, alimentación, motivación por la actividad física, etc.), de manera de establecer la mayor cantidad de semejanza entre los grupos.

Los diseños son los mismos que utilizan los experimentos puros (con post-prueba única, con pre y post prueba, de Solomon, se series cronológicas, de series cronológicas y tratamientos repetidos, de series con tratamientos múltiples, etc.), pero recordemos que los grupos no son asignados al azar.

6.5 DISEÑOS PRE-EXPERIMENTALES

Son diseños con un mínimo de control y validación interna. Utiliza un sólo grupo experimental y carece de grupo control. Razón por lo cual los resultados obtenidos no pueden ser atribuidos a la manipulación de la variable independiente. Estos diseños se utilizan generalmente como pruebas piloto, es decir, aplicamos un tratamiento a un sólo grupo pequeño, para constatar que el procedimiento que utilizamos es correcto, de esa forma podemos corregir errores en la aplicación de la prueba. Esto con la idea de utilizarlo posteriormente en un experimento verdadero.

Capítulo 7

METODOLOGÍA:
DISEÑOS DE INVESTIGACIÓN II

7.1 DISEÑOS NO EXPERIMENTALES

Los diseños no experimentales corresponden a investigaciones que no realizan manipulaciones de las variables independientes. Se observa cómo se presentan y se relacionan las variables en un contexto natural, sin alterar nada.

Ejemplo 7.1

Algunos estudios con diseños no experimentales transeccionales son:

- Determinar los estilos de enseñanza de los/as profesores/as de la carrera de pedagogía en educación física de una universidad de Valparaíso.
- Determinar la relación entre el ejercicio físico y el rendimiento académico de estudiantes de enseñanza media de 3 colegios de la Coquimbo.
- Correlacionar el tiempo de práctica de un deporte con las cualidades físicas en estudiantes de 5 colegios de Concepción.

En los ejemplos anteriores, se miden variables y se relacionan, pero no existe manipulación de ninguna de ellas. El investigador no cambia nada, sólo estudia cómo se presentan estas variables.

Los diseños no experimentales pueden ser transeccionales o transversales (cuando la medición del fenómeno se realiza una sola vez) y longitudinales (cuando la medición del fenómeno se realiza varias veces a través del tiempo). Los primeros a su vez se dividen en descriptivos, de diferencia de grupos, de correlación y causales. Los segundos se dividen en diseños de tendencia, de evolución y de panel (Fig. 6.2).

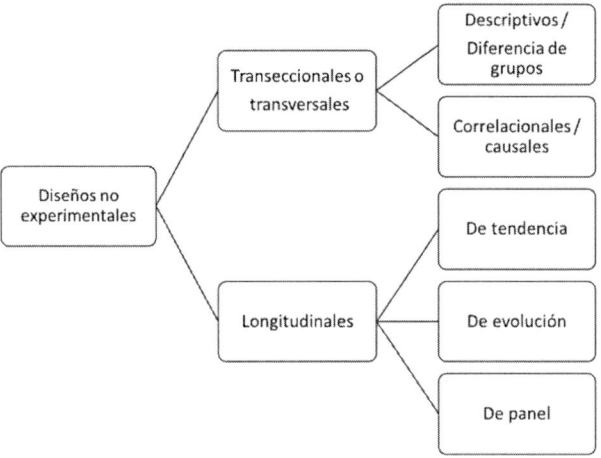

Figura 7.1 *Clasificación de los diseños no experimentales de investigación.*

7.2 DISEÑOS NO EXPERIMENTALES TRANSECCIONALES

Con un objetivo como *determinar la relación entre la actividad física y el rendimiento académico de estudiantes de enseñanza secundaria de 3 colegios de Coquimbo*, podemos medir a través de una encuesta la cantidad de actividad física practicada por los/as estudiantes de enseñanza secundaria y conocer el rendimiento académico en base a las notas obtenidas por ellos hasta el momento de la medición. Luego procedemos a relacionar ambas variables. En este caso las mediciones se realizan en un momento único, por lo tanto, el diseño de la investigación es no experimental transeccional o transversal.

Los diseños no experimentales transeccionales se dividen en:

a) **Diseño transeccional descriptivo/ de diferencia de grupos**: en estos casos el/la investigador/a busca describir variables y/o establecer diferencia entre grupos en un momento único.

Ejemplo 6.8

Un/a investigador/a quiere determinar los estilos de enseñanza de los/as profesores/as de la carrera de pedagogía en educación física de una Universidad de Arica.

Aquí se aplica un inventario para determinar los estilos de enseñanza de los/as profesores/as. Los resultados nos describen como se presenta la variable dependiente, pero también podemos establecer comparaciones entre grupos, por ejemplo, entre diferentes por sexo, estudios de post-grado, años de docencia, etc.

---

b) **Diseño transeccional correlacional/causal:** en estos casos el investigador/a busca establecer relaciones entre variables o explicar las causas que originan una o varias de ellas.

Ejemplo 6.9

Un/a investigador/a desea conocer la relación entre la práctica de la actividad física y la composición corporal en estudiantes de 6° y 7° de enseñanza primaria de un colegio de Chiloé.

Aquí se debe medir la actividad física mediante una encuesta y la composición corporal con la ayuda de un adipómetro. Una vez que tenemos los resultados podemos establecer una correlación entre las variables (si existe alguna relación entre ellas), es decir, si a mayor práctica de actividad física disminuye el porcentaje de grasa y viceversa.

7.3 DISEÑOS NO EXPERIMENTALES LONGITUDINALES

Son aquellos en los cuales se realizan varias mediciones a los sujetos a través del tiempo, esto con la finalidad de conocer cómo cambian las variables. Por ejemplo, el investigador/a desea conocer si la motivación de los/as estudiantes de 5º de primaria por la clase de educación física varía a medida que transcurre el tiempo. Se podría medir la motivación de los/as estudiantes de un curso en marzo de un año, luego en julio y finalmente en diciembre y comparar los resultados para ver qué cambios se producen a través del tiempo.

Los diseños no experimentales longitudinales se dividen en:

a) **Diseño longitudinal de tendencia (trend):** es aquel que mide variables dentro de una población, de manera que no todas las mediciones deben contener los mismos sujetos, pero si la misma población.

Ejemplo 6.10

Un/a investigador/a desea conocer el nivel de las cualidades físicas de los estudiantes que ingresan a primer año de la carrera de pedagogía en educación física en una universidad de Arica en 6 años consecutivos.

Aquí es necesario realizar una medición de las cualidades físicas de los/as estudiantes que ingresan a la carrera en año 2017, luego los que ingresan a la misma carrera el 2018, 2019, 2020, etc. Entonces podemos comparar los resultados, para ver si existen variaciones entre los diferentes grupos. En este caso la población es la misma (estudiantes que ingresan a primer año de la carrera de pedagogía en educación física), pero los sujetos son diferentes (en el año 2017 será un grupo de sujetos, en el 2018 otro grupo, etc.).

---

b) **Diseño longitudinal de evolución (cohort):** es aquel que mide una o más variables de un grupo específico de una población. Se extrae un grupo al que se realiza una medición, posteriormente se extrae otro grupo de la misma población, se mide las mismas variables y se comparan. El grupo específico es el mismo, pero los sujetos pueden o no ser los mismos.

Ejemplo 6.11

Un/a investigador/a desea conocer el campo laboral donde se desenvuelven los/as titulados/as de la carrera de pedagogía en educación física del año 2017 de una universidad de Chillán durante los 5 años posteriores a su titulación.

Para esto se designa un grupo específico (titulados/as de educación física el año 2017) y cada año se elige al azar un grupo de estos y se consulta sobre su campo laboral actual. Cada año los sujetos son escogidos del mismo grupo específico, pero puede que algunos sujetos sean los mismos o no, eso se deberá al azar. El año 2018 son consultados Carlos, Jorge, Paula y Sebastián. El año 2019 son consultados Carlos, Antonio, Fabiola y Oscar. El año 2020 son consultados Antonio, Francisca, Sebastián y Pedro, etc. Si bien los sujetos pueden ser diferentes todos corresponden al mismo grupo de investigación.

c) **Diseño longitudinal de panel:** es aquel donde son medidos consecutivamente los mismos sujetos.

Ejemplo 6.12

Un/a investigador/a desea conocer si existen cambios en la composición corporal de estudiantes durante su enseñanza secundaria.

Aquí se mide un grupo de estudiantes de 1º de secundaria y a los mismos estudiantes cuando cursen 2º, 3º y 4º año de secundaria. Así podemos conocer los cambios que se producen en un mismo grupo de sujetos.

Capítulo 8

METODOLOGÍA:
VARIABLES DE INVESTIGACIÓN

8.1 VARIABLES EN UNA INVESTIGACIÓN

Las variables son magnitudes medibles que pueden cambiar dentro de un rango determinado. Por ejemplo, el rendimiento académico es una variable que es posible medir a través de las calificaciones en una escala de 1,0 (calificación mínima) a 7,0 (calificación máxima) (en Chile). Por otra parte, los resultados del Test Course-Navette representan una variable que presenta valores entre 0 y 20 minutos, etc. Las variables deben como mínimo ser dicotómicas, es decir, poseer al menos dos alternativas de medición. Por ejemplo, el sexo de nacimiento de un sujeto puede ser hombre o mujer (recordemos que un valor que sólo presenta una alternativa recibe el nombre de constante). Otra posibilidad es que las variables sean policotómicas, es decir, poseen tres o más alternativas de medición. Por ejemplo, las variables que poseen categorías como la religión (católico, evangélico, mormón, testigo de jehová, ateo, etc.), el IMC (bajo peso, normal, sobrepeso, obesidad leve, obesidad media y obesidad mórbida), nivel socioeconómico (bajo, medio-bajo, medio, medio-alto, alto), etc. y variables que se expresan en números como la edad, el rendimiento académico, la fuerza máxima, etc.

8.2 TIPOS DE VARIABLES

Las variables en una investigación pueden ser de tres tipos: independientes, dependientes e intervinientes.

Las **variables independientes** son aquellas que son manipuladas por el investigador para estudiar su efecto sobre una variable dependiente. Por ejemplo, un entrenamiento deportivo, una metodología de enseñanza, la aplicación de un programa de recreación escolar, etc.

Las **variables dependientes** son aquellas que son afectadas por la variable independiente y que debe ser medida para constatar si existen cambios en ella. Por ejemplo, las cualidades físicas, las habilidades motrices básicas, el rendimiento académico, etc.

Ejemplo 8.1

- **Objetivo general:** Determinar los efectos de una sesión de ejercicio físico aeróbico sobre la capacidad de atención en la búsqueda visual en estudiantes universitarios.
- **Variable independiente:** Ejercicio físico aeróbico.
- **Variable dependiente:** Capacidad de atención en la búsqueda visual

---

Ejemplo 8.2

- **Objetivo general:** Determinar los estilos de enseñanza preponderantes del profesorado en formación de 1° a 5° año de la carrera de pedagogía en educación física de una universidad de Talca.
- **Variable independiente:** Años de la carrera de educación física
- **Variable dependiente:** Estilos de enseñanza

Una investigación debe contener como mínimo una variable dependiente y una independiente, pero también podría tener dos o más variables dependientes o independientes.

Las **variables intervinientes** son aquellas que afectan a la variable dependiente, pero el/a investigador/a no manipula. Siempre resulta necesario conocer y controlar las variables intervinientes, ya que estas afectarán los resultados y no podremos asegurar que la manipulación de la variable independiente es lo que ocasiona los cambios. Si esto ocurriese nuestro estudio no será válido.

Ejemplo 8.3

- **Objetivo general:** Determinar si la alimentación con altos niveles de proteínas influye en el rendimiento físico-deportivo de jugadores/as de básquetbol de una universidad de Talca de Chile.
- Variable independiente: Alimentación con altos niveles de proteínas.
- Variable dependiente: Rendimiento físico-deportivo
- Variables intervinientes: Edad, horas de sueño, tiempo de entrenamiento, posición del jugador, torneos jugados, fatiga, cargas de entrenamiento, etc.

Como las variables intervinientes pueden afectar los resultados de nuestra investigación es necesario controlarlas. En el ejemplo sería necesario conocer los datos de esas variables (tal vez con un cuestionario que incluya esos temas) de manera de no atribuir a la variable independiente efectos de variables intervinientes.

8.3 DEFINICIÓN CONCEPTUAL Y OPERACIONAL DE LAS VARIABLES

Otro aspecto importante es que las variables de la investigación deben ser definidas conceptual y operacionalmente. Esto resulta importante para que el/a investigador/a y quien lea el estudio den el mismo concepto a las variables. También sirve para asegurarse de que ellas puedan ser medidas en la realidad.

La **definición conceptual** es la que encontramos en diccionarios y libros especializados que definen la variable. Por ejemplo, la *velocidad* es la capacidad de desplazar un cuerpo en el espacio en el menor tiempo posible.

La **definición operacional** son los procedimientos que se deben realizar para medir una variable. Por ejemplo, la *velocidad* podría ser medida a través de una carrera de 100 metros, la *atención* sostenida mediante la prueba de Toulouse-Pieron, *los patrones motores* a través del test de Gallahue, etc. Generalmente existen muchas herramientas para medir una variable, razón por la cual debemos elegir la que sea más confiable, válida y se adapte mejor a nuestra investigación (estos conceptos se explicarán en el capítulo 10 sobre instrumentos de investigación).

Capítulo 9

METODOLOGÍA: MUESTRAS EN INVESTIGACIÓN

9.1 LA MUESTRA

Cuando realizamos una investigación debemos seleccionar una muestra, que corresponde al grupo de sujetos que serán medidos en nuestro estudio. En primer lugar, debemos especificar el universo que corresponde a la totalidad de individuos o elementos que posean determinada característica. Por ejemplo, todos los/as estudiantes de 1° año de enseñanza primaria de la comuna de Puente Alto de Chile.

Luego definimos la población, que corresponde a los sujetos u organizaciones de los cuales deseamos obtener información, un conjunto de casos del universo, que poseen ciertas características que hemos delimitado. Por ejemplo, los/as estudiantes de 1º año de enseñanza primaria de 5 colegios de la comuna de Puente Alto de Chile.

La muestra corresponde a un grupo de la población, ya que en la mayoría de los casos no es posible la medición de todos los elementos de ésta. La muestra tiene que ser representativa, es decir, tener las mismas características que la población que hemos definido. Por ejemplo, 320 estudiantes de 1° año de enseñanza primaria pertenecientes a 5 colegios de la comuna de Puente Alto de Chile.

Recordemos que la finalidad de una investigación es predecir hechos o situaciones de una población en base a los resultados obtenidos en la muestra. Por ejemplo, la medición de las cualidades físicas de 100 estudiantes de educación física de una universidad de Santiago (la muestra) nos permite predecir el nivel de las cualidades físicas de todos los estudiantes de educación física de dicha universidad constituida por 600 sujetos (la población). De esa manera podemos predecir el nivel de las cualidades físicas de la población sin la necesidad de medirlos a todos.

9.2 CRITERIOS DE INCLUSIÓN Y EXCLUSIÓN

Cuando seleccionamos la muestra es muy importante definir los criterios de inclusión y exclusión de esta. El primero corresponde a las características que deben poseer los sujetos o unidades de análisis para poder ser considerados como parte de la muestra (Maureira, 2017). En el ejemplo de la medición de las cualidades físicas de estudiantes de educación física de una universidad de Santiago, sería criterios de inclusión:

- Estudiantes que al momento de la evaluación cursen la carrera de educación física en la universidad seleccionada.
- Estudiantes con asistencia regular a la universidad.
- Estudiantes entre 18 a 24 años.

Los criterios de exclusión corresponden a las características que provocarán que el sujeto o unidad de análisis sean excluidos de la muestra que cumplen con los criterios de inclusión, pero no pueden ser parte del estudio (Maureira, 2017). En el mismo ejemplo anterior, serían criterios de exclusión:

- Estudiantes lesionados o en tratamiento de rehabilitación tras alguna lesión.
- Estudiantes con limitaciones físicas y/o sensoriales.
- Estudiantes con menos de 18 o más de 25 años.

9.3 TAMAÑO DE LA MUESTRA

La selección de la muestra va a depender de nuestros objetivos de investigación, del diseño de investigación y de la necesidad de generalizar los resultados a la población. Las muestras se dividen en **probabilísticas** (cuando los sujetos son escogidos al azar y todos tienen la misma probabilidad de ser escogidos) y **no probabilísticas** (cuando los sujetos no son escogidos/as al azar, por ende, no todos tienen las mismas probabilidades de ser seleccionados/as).

En las dos situaciones anteriores resulta necesario determinar el número de sujetos que debemos medir, y esto depende de tres elementos:

a) **Error muestral permitido:** es el valor de error que admitiremos al extrapolar los resultados de nuestra muestra a la población.

Generalmente, estos niveles son de 0,05% (5% de probabilidades de equivocarnos) y 0,01 (1% de error).

b) **Nivel de confianza:** corresponde al grado de probabilidad de que un evento ocurra, el cual varia desde 0 (ninguna posibilidad que ocurra) hasta 1 (absoluta seguridad que el evento ocurra). Los niveles de confianza más utilizados son 0,05 (95% de probabilidad de ocurrencia) y 0,01 (99% de probabilidad de ocurrencia).

c) **Carácter finito o infinito de la población:** una población finita es aquella cuyo valor conocemos o es inferior a 100.000 unidades. Una población infinita es aquella cuyo valor desconocemos o es mayor a 100.000 unidades.

Ejemplo 9.1

Un/a investigador/a desea conocer el desarrollo de las cualidades físicas de estudiantes de enseñanza secundaria de 4 colegios de la comuna de Ñuñoa en Santiago. La población es de 1.920 estudiantes, el error permitido será del 5% (0,05) y el nivel de confianza del 95% (0,05).

Fórmula de cálculo del tamaño muestral en poblaciones finitas es:

$$n = \frac{N}{1 + \left[\dfrac{e^2 * (N-1)}{Z^2 * pq}\right]}$$

N= tamaño de la población
e^2= error muestral al cuadrado
Z^2= Nivel de confianza al cuadrado
pq= varianza de la población (constante de 0,25)
El nivel de confianza se transforma en una puntuación Z:
0,05= 1,96
0,04= 2,05
0,03= 2,17
0,02= 2,33
0,01=2,58

$$n= \frac{1920}{1 + \frac{0,05^2 * (1920-1)}{1,96^2 * 0,25}} = \frac{1920}{1 + \frac{0,0025 * 1919}{3,8416 * 0,25}} = \frac{1920}{1 + \frac{4,7975}{0,9604}}$$

$$n= \frac{1920}{1 + 4,995} = \frac{1920}{5,995} = 320$$

La muestra estaría constituida por 320 estudiantes.

A medida que aumenta el nivel de confianza y disminuye el error muestral, la cantidad de sujetos que deben ser evaluados sube drásticamente. Siguiendo con el ejemplo 8.1:

Nivel de confianza	Error muestral	Tamaño de la muestra
95%	5%	320
95%	3%	686
95%	1%	1.600
99%	5%	494
99%	3%	942
99%	1%	1.721

*Con una población de 1.920 sujetos.

Ejemplo 9.2

Un/a investigador/a desea conocer los niveles de práctica de ejercicio físico de los/as profesores/as de todas las asignaturas de la ciudad de Santiago. La población es infinita, el nivel de confianza será de un 95% (0,05) y el error muestral será de 5% (0,05).

Fórmula de cálculo del tamaño muestral en poblaciones infinitas:

$$n= \frac{Z^2 \, pq}{e^2}$$

e^2= error muestral al cuadrado
Z^2= Nivel de confianza al cuadrado
pq= varianza de la población (constante de 0,25)

n= $\dfrac{1,96^2 * 0,25}{0,05^2}$ = $\dfrac{3,8416 * 0,25}{0,0025}$ = $\dfrac{0,9604}{0,0025}$ = 384

La muestra estaría constituida por 384 profesores/as.

9.4 MUESTREO

Corresponde a la estrategia que se utilizará para obtener los sujetos que constituirán la muestra. En muestras probabilísticas los muestreos más habituales son:

a) **Aleatorio simple:** corresponde a la elección al azar de los sujetos hasta alcanzar el tamaño muestral. Las técnicas más habituales son la *tómbola* (colocar los nombres de todos los sujetos de la población dentro de una bolsa y escoger al azar hasta completar la cantidad de sujetos de la muestra), las tablas randómicas (corresponde a tablas de números aleatorios que sirven para seleccionar muestras al azar. La RAND Corporation publicó una tabla randómica con más de 1 millón de números mediante la simulación de una ruleta electrónica) y la selección al azar por programas estadísticos.

b) **Probabilístico estratificado:** se utiliza cuando la muestra debe ser dividida en grupos y los sujetos que son asignados a cada grupo deben ser seleccionados al azar.

Ejemplo 8.3

Para determinar las cualidades físicas de los/as estudiantes de la carrera de educación física de una universidad, debemos tener, además del número total de sujetos a evaluar, la cantidad de sujetos que resulta necesario evaluar por nivel (1º a 5º año). Entonces:

- La población consta de 600 estudiantes, 160 de 1° año, 130 de 2°, 120 de 3°, 100 de 4° y 90 de 5°.
- Nuestra muestra es de 360 estudiantes.

Para calcular la cantidad de sujetos que componen las muestras de cada curso utilizamos la siguiente fórmula:

$$fh = n / N$$

Donde fh es el factor de cada grupo de la muestra, n es el tamaño de la muestra y N el tamaño de la población. Entonces:

fh = n/ N

fh = 360 /600 = 0,6

Ahora multiplicamos el 0,6 por el número de sujetos de cada grupo y obtenemos la muestra de cada curso.

1º año de educación física = 160 * 0,6 = 96

2º año de educación física = 130 * 0,6 = 78

3º año de educación física = 120 *0,6 = 72

4º año de educación física = 100 * 0,6 = 60

5º año de educación física = 90 * 0,6 = 54

De esa forma al sumar los sujetos de cada grupo logramos los 360 sujetos del total de la muestra.

En muestras no probabilísticas los muestreos más comunes son:

a) **Por criterio o juicio:** donde el/a investigador/a con su experiencia determina los sujetos idóneos dentro de la población para que constituyan la muestra.

b) **Por bola de nieve:** es aquel donde los primeros sujetos evaluados llevan más individuos para ser parte de la muestra. Esto ocurre cuando las características buscadas son muy específicas y son de difícil acceso. Por ejemplo, una muestra de gimnastas entre 15 y 17 años que hayan participado en torneos internacionales en los últimos tres años. El/a investigador/a evalúa a 4 sujetos y son ellos quienes traerán a más compañeros/as con las mismas características.

c) **Por conveniencia:** es aquel donde los sujetos que constituye la muestra son simplemente a los que se tuvo acceso.

Capítulo 10

METODOLOGÍA: RECOLECCIÓN DE DATOS

10.1 BASES DE UN INSTRUMENTO DE MEDICIÓN

Una vez que hemos determinado nuestro diseño de investigación y hemos calculado el tamaño de la muestra debemos recolectar los datos, para posteriormente analizarlos y responder las preguntas que dieron origen al estudio. Para ello debemos escoger un instrumento de medición, aplicarlo y ordenar los datos obtenidos para su análisis.

La finalidad de un instrumento es medir (una medición es la asignación de un valor a una variable sobre determinadas reglas). Estos instrumentos pueden ser pruebas de laboratorio como medidores de intercambio de gases, análisis de sangre, resonancias magnéticas, etc., pruebas de campo para evaluar fuerza, flexibilidad, resistencia, velocidad, etc. o pueden ser cuestionarios, escalas o inventarios para medir motivación, opiniones, creencias, etc., pero independiente del tipo de instrumento todos deben poseer dos cualidades: confiabilidad y validez.

10.1.1 Confiabilidad de un instrumento de medición

Se refiere al grado en que un instrumento entrega valores iguales en repetidas aplicaciones a una muestra. Por ejemplo, un instrumento para medir el porcentaje de grasa (adipómetro) debe entregarnos valores muy similares cuando lo aplicamos al mismo sujeto en diferentes ocasiones (una medición el día lunes, otra el día martes y otra el día miércoles de la misma semana). Si los valores difieren mucho, 15% de grasa hoy, 22 % mañana y 19% pasado mañana, el instrumento no es confiable.

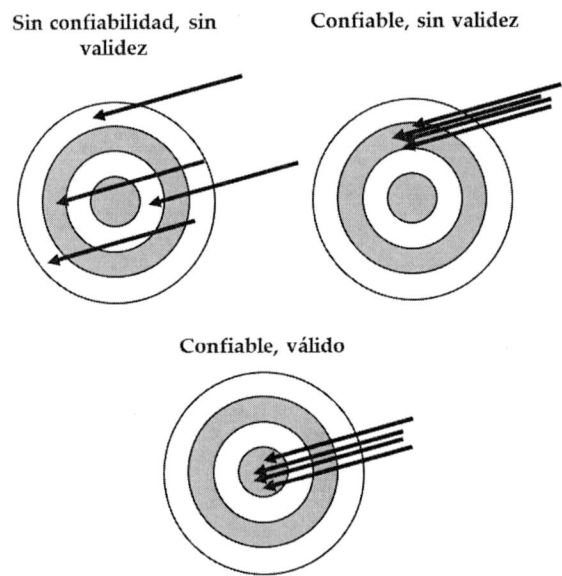

Figura 10.1 *Validez y confiabilidad. Imaginemos un/a arquero/a que lanza sus flechas al objetivo y cada flecha cae en lugares diferentes, entonces diremos que el/la arquero/a no es confiable ni válido. Ahora otro/a arquero/a lanza sus flechas y están caen siempre en el mismo lugar (confiable), pero no en el objetivo (no válido). Finalmente, otro/a arquero/a lanza sus flechas y están caen todas en el mismo lugar y en el objetivo (confiable y válido). De igual forma un instrumento debe ser confiable y válido.*

La confiabilidad de un instrumento se logra determinar mediante diversas técnicas, siendo las más usadas:

a) **Test-retest:** A un mismo grupo se le aplica un instrumento en dos momentos y se correlacionan los resultados. Aquí es importante que la aplicación no sea muy espaciada (puede cambiar los valores de la variable) ni muy cercanas (los sujetos pueden memorizar la prueba).

b) **Pruebas alternativas:** Se aplican dos o más instrumentos muy semejantes al mismo grupo. Se correlacionan los resultados para determinar la confiabilidad de las pruebas.

c) **Alfa de Crombach:** Prueba estadística que a partir de mediciones realizadas una sola vez es capaz de determinar los niveles de confiabilidad del instrumento.

Los niveles de confiabilidad se miden entre 0 y 1, siendo cero nada confiable y 1 absolutamente confiable. Valores sobre 0,600 son considerados aceptables para investigación (el procedimiento se analizará en el capítulo 13).

10.1.2 Validez de un instrumento de medición

Se refiere al grado en que un instrumento mide lo que dice medir. Por ejemplo, una prueba de coordinación debe medir la coordinación y no la agilidad. La validez de un instrumento se logra con la validez de contenido, de criterio y de constructo.

a) **Validez de contenido:** Se refiere al grado en que un instrumento mide el concepto que dice medir. Un instrumento debe abarcar todos los aspectos de la variable. Por ejemplo, una prueba que mida la coordinación debe incluir control óculo-manual, control auditivo-manual, ritmo, etc. Si el instrumento pretende medir la coordinación, pero sólo abarca un ámbito o un aspecto de la coordinación, el instrumento no posee validez de contenido. Para esto resulta necesario establecer mediante la literatura la mayor cantidad posible de ítems de la variable (un ítem es una unidad de medición que genera una respuesta, como una pregunta). Luego si es necesario se consulta con expertos sobre el tema para incluir algún ítem que hemos pasado por alto. Se aplica el instrumento y correlacionamos las puntuaciones de los ítems (en el capítulo 8 se explicará cómo correlacionar datos).

b) **Validez de criterio:** Se refiere al grado que un instrumento entrega mediciones semejantes a otro instrumento que dice medir lo mismo. Por ejemplo, una prueba de campo que mida el consumo máximo de oxígeno (test de caminata de 6 minutos) debe entregar resultados similares del consumo de oxígeno que entrega una medición con espirometría. A mayor grado de similitud entre los resultados de los instrumentos mayor validez de criterio. Para esto es necesario comparar el resultado de la medición del instrumento con el criterio que se ha tomado (el consumo de oxígeno de la prueba de caminata de 6 minutos con el consumo de oxígeno con espirometría).

c) **Validez de constructo:** Se refiere a la estructura interna, a las dimensiones subyacentes que componen un instrumento. Es el más importante de los criterios de validez, ya que nos dice si resulta consistente la estructura teórica sobre la cual es fundada la prueba, escala o encuesta. Por ejemplo, un/a investigador/a desea saber si una prueba de motricidad realmente mide la motricidad desde una perspectiva teórica, es decir, cuan válido es la estructura de la prueba, dicha situación se confirma con análisis factoriales[1].

10.2 TIPOS DE INSTRUMENTOS DE MEDICIÓN

En educación física existen muchos instrumentos de medición, aquí explicaremos algunos de ellos: instrumentos de laboratorio, pruebas de campo, instrumentos para medir actitudes e instrumentos para medir rasgos y conductas.

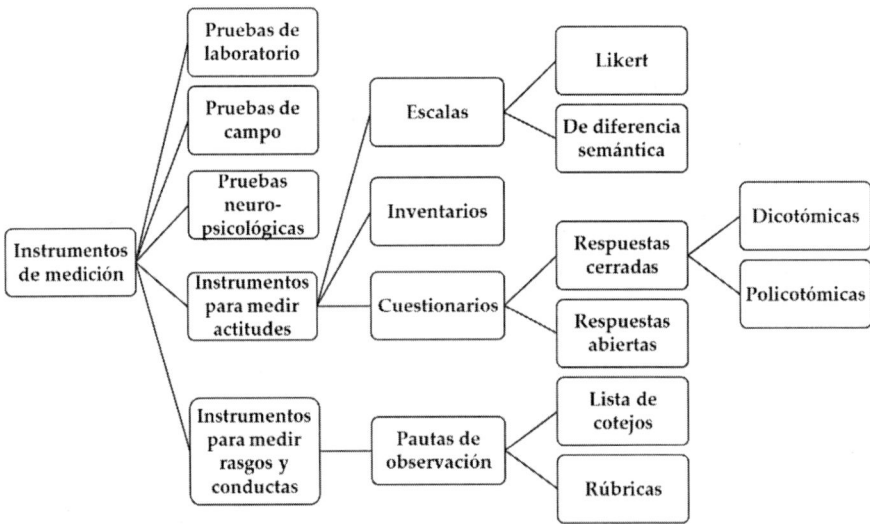

Figura 10.2 *Esquema de los principales tipos de instrumentos de medición.*

---

[1] Para ver detalles de este tipo de análisis estadísticos consulte el libro *Estadística Avanzada para Educación Física* de F. Maureira (2016), Madrid: Editorial Académica Española.

10.2.1 Pruebas de laboratorio

Hace referencia a un conjunto de pruebas que miden variables fisiológicas (consumo máximo de oxígeno, porcentaje de grasa, intercambio de gases, actividad muscular durante el ejercicio físico, actividad cerebral durante la actividad física, etc.).

Cada uno de ellos posee uno o varios instrumentos para su medición (espirometría, electromiografía, electroencefalografía, resonancias magnéticas, etc.). En el caso de estos instrumentos poseen confiabilidad y validez internacional, siempre y cuando se siga al pie de la letra el protocolo de aplicación (manera de aplicar la prueba como niveles de frecuencia cardíaca alcanzada, ubicación de los electrodos, correcta utilización de la máquina, etc.) y realizando mantenciones periódicas de los aparatos.

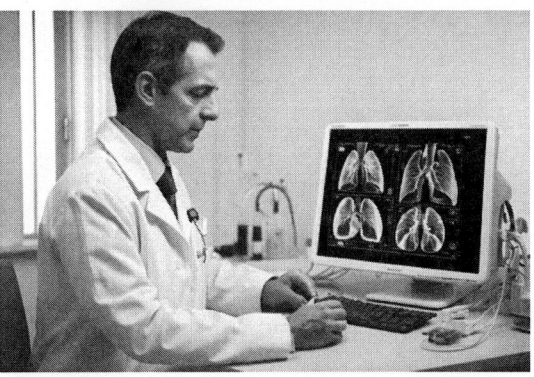

Figura 10.3 *Prueba de laboratorio. Imagen pulmonar durante un examen preventivo a un corredor de fondo.*

10.2.2 Pruebas de campo

Hace referencia a un conjunto de pruebas que pretenden medir variables fisiológicas, pero utilizando equipamiento de fácil aplicación que no necesitan laboratorio. Se les denomina pruebas indirectas. Por ejemplo, la prueba de Cooper y el Test Course-Navette miden el consumo máximo de oxígeno en base a la distancia recorrida y tiempo de duración de la prueba respectivamente. Los resultados son correlacionados con la prueba de laboratorio para demostrar su validez (con la espirometría en el caso mencionado del consumo máximo de oxígeno).

Otras pruebas de campo serían las mediciones de pliegues cutáneos para determinar porcentaje de grasa, pruebas de salto para medir potencia del tren inferior, baterías para medir desarrollo motor, etc.

Figura 10.4 *Prueba de campo. Test de Cooper para determinar consumo de oxígeno indirecto.*

10.2.3 Pruebas neuropsicológicas

Corresponden a evaluaciones que permiten identificar estados normales o alterados de las funciones reguladas por la corteza cerebral, como la atención, memoria, planificación, inhibición, resolución de problemas, etc. (Tirapu, 2007). Sus respuestas son correctas e incorrectas. Algunos ejemplos son la prueba de matrices de Raven (mide inteligencia), test D2 (mide atención), test de memoria visual de Benton (mide memoria), test de Stroop (mide inhibición), torre de Londres (mide planificación), etc.

10.2.4 Instrumentos para medir actitudes: Escalas

Las actitudes son formas aprendidas de responder constantemente a ciertos estímulos. Por ejemplo, la motivación por la clase de educación física, el interés por el ejercicio físico, la persistencia en un entrenamiento deportivo, etc. Los instrumentos más utilizados para evaluar actitudes son las escalas, inventarios y cuestionarios.

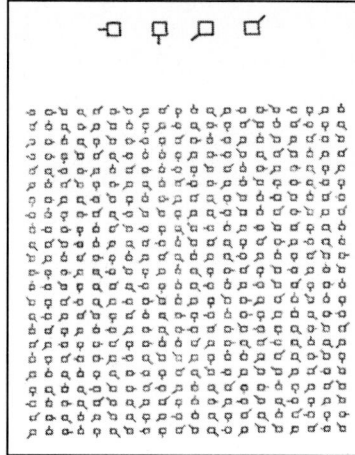

Figura 10.5 *Pruebas neuropsicológicas. Test de Toulouse-Pierón para medir atención selectiva y sostenida. El evaluado/a debe marcar todas las figuras iguales a las que se presentan en la parte superior en un determinado tiempo.*

La escala es un instrumento que mide variables no cognitivas como preferencias, motivaciones, opiniones, intereses, etc. (Bolaños & González, 2012). El/la evaluado/a debe escoger una respuesta dentro de una escala de menor a mayor preferencia. No tiene respuestas correctas e incorrectas. Las dos formas más utilizadas de escala son de respuestas tipo Likert y de diferencia semántica.

Las respuestas **tipo Likert** consiste en un conjunto de afirmaciones que mide el grado en que las personas están de acuerdo o en desacuerdo con ellas. sobre las cuales la persona encuestada debe responder con un valor entre un conjunto dado. Los valores más utilizados son desde 1 hasta 5 o desde 1 hasta 7. Por ejemplo:

1=Absolutamente en desacuerdo	1=Muy bajo
2=En desacuerdo	2=Bajo
3=Ni en desacuerdo ni de acuerdo	3=Ni bajo ni alto
4=De acuerdo	4=Alto
5=Absolutamente de acuerdo	5=Muy alto

En el caso de la izquierda los valores hacen referencia a una medición de actitud hacia una dirección (positiva o negativa) y en el caso de la derecha los valores hacen referencia a una medición una actitud hacia la intensidad (bajo o alto). Por ejemplo:

El deporte es necesario en mi vida	1 2 3 4 5
Sin deporte es difícil llevar bien la vida diaria	1 2 3 4 5
El deporte me permite llevar un buen ritmo de vida	1 2 3 4 5
El deporte me sirve para estar bien o mejor en otros aspectos de mi vida	1 2 3 4 5

El resultado final de la actitud se obtiene sumando el puntaje de todos los ítems de la escala. Es importante aclarar que cada ítem puede tener sólo una respuesta.

Las respuestas de **diferencia semántica:** consiste en la calificación de una variable entre dos extremos con *n* posibilidades. Por ejemplo:

¿Cómo consideras la clase de educación física?

Aburrida ____ ____ ____ ____ ____ ____ ____ Entretenida

Para medir la actitud se suma las puntuaciones de todos los ítems que generalmente se gradúan de 1 a 7 o de -3 hasta 3.

10.2.5   Instrumentos para medir actitudes: Inventarios

El inventario corresponde a una lista de rasgos, preferencias, actitudes, intereses o habilidades utilizadas para evaluar características o habilidades personales (Bolaños & González, 2012). No tiene respuestas correctas o incorrectas. Este puede contener preguntas tipo Likert, preguntas como en un cuestionario o ambas.

1=Nunca
2=Casi nunca
3= Ocasionalmente
4=Casi siempre
5=Siempre

Alegre	1 2 3 4 5
Independiente	1 2 3 4 5

Feliz	1 2 3 4 5
Leal	1 2 3 4 5

10.2.6   Instrumentos para medir actitudes: Cuestionarios

Un cuestionario corresponde a un conjunto de preguntas para obtener información personal de individuos (Bolaños & González, 2012). Los ítems de este instrumento no necesariamente están relacionados, razón por la cual es posible analizar las respuestas en forma separada. No tiene respuestas correctas o incorrectas.

Los cuestionarios pueden tener preguntas cerradas o abiertas. Las primeras corresponden a preguntas que poseen algunas alternativas como respuesta. Estas pueden ser:

- Dicotómicas (dos respuestas posibles):
  ¿Le gusta realizar actividad física en un gimnasio?
  a) Si   b) No

- Policotómicas (tres o más respuestas posibles):
  ¿Cuántas veces realiza actividad física por semana?
  a) No realizo actividad física
  b) 1 ó 2 veces por semana
  c) 3 a 5 veces por semana
  d) Todos los días

Las preguntas abiertas corresponden a las que permiten que el encuestado exprese su respuesta sin limitaciones. Por ejemplo, ¿Qué opina de las clases de educación física de los colegios?, ¿Por qué cree que es necesario la práctica de ejercicio físico?, ¿Qué cambios curriculares realizaría a la malla de la carrera de educación física?, etc. Estas deben ser codificadas en base a las respuestas que más aparecen entre los encuestados asignándole un valor numérico (desde 1 hasta n). Luego se analiza cuantas veces se repiten esas respuestas en los cuestionarios y se asignan valores en base a dicha frecuencia. Los puntajes más altos corresponden a las respuestas más frecuentes.

Los cuestionarios de preguntas abiertas se utilizan, sobre todo cuando resulta difícil predecir algunas respuestas, de manera que no se pueden formular alternativas.

Las preguntas de los cuestionarios deben ser simples y formuladas al nivel de las personas que contestan. Por ejemplo, una pregunta orientada a escolares de enseñanza secundaria no podría decir: ¿Qué efectos puede tener el ejercicio físico aeróbico en los niveles hemodinámicos y de control neuroendocrino? El lenguaje utilizado debe adaptarse al conocimiento que ellos pueden tener sobre el ejercicio físico, por ejemplo: ¿Qué efectos puede provocar el trote continuo en los niveles de composición de la sangre y las hormonas?

Las preguntas no deben resultar incomodas para el encuestado. Por ejemplo, ¿Ud. es una persona sedentaria (que no realiza actividad física)? Es una pregunta que genera rechazo, en cambio ¿Ud. realiza actividad física al menos tres veces por semana? Resulta más cómoda de responder.

Las preguntas tampoco deben inducir respuestas en los/as encuestados/as. Por ejemplo, ¿Ud. considera que la educación física es necesaria? Es una pregunta que tiene la respuesta en la misma pregunta lo que induce a responder que sí. En cambio, una pregunta como: Con respecto a la educación física: ¿Ud. aumentaría las horas de educación física en los colegios? ¿Por qué?

Los cuestionarios no deben ser demasiados cortos (no se alcanza a medir todos los aspectos de la variable) ni demasiado extenso (las personas se aburren de contestar).

Los cuestionarios pueden ser autoadministrados (el/a encuestado/a recibe, lee y responde la prueba) o puede ser administrado (el/a investigador/a lee y anota las respuestas del encuestado/a).

10.2.7   Instrumentos para medir rasgos y conductas: Lista de cotejo

Sirven para conocer el desempeño de una persona frente a determinadas situaciones. Coloquialmente la conducta podría definirse como la manera de comportarse frente a una situación específica o en forma general y un rasgo es una disposición relativamente estable de la personalidad y que determina la conducta. Las pautas de observación sirven para evaluar los rasgos y conductas. Las dos más utilizadas son la lista de cotejo y la rúbrica.

La **lista de cotejo** corresponde a una lista de conductas que pueden observarse y que corresponden al fenómeno que deseamos estudiar. Esta se completa simplemente con un SI o NO frente a cada conducta. Por ejemplo:

El/a profesor/a de Educación Física explica las actividades que se realizarán durante la clase.	SI NO
El/a profesor/a de Educación Física corrige continuamente los movimientos mal ejecutados por sus estudiantes.	SI NO
El/a profesor/a de educación física utiliza el silbato como una forma de mantener la atención de sus estudiantes.	SI NO

10.2.8   Instrumentos para medir rasgos y conductas: Rúbrica

La **Rúbrica** es un conjunto de criterios que permite establecer un nivel de desempeño de la conducta. Normalmente se construyen 3 a 5 ítems por cada característica que deseamos conocer, otorgándoles puntuaciones a cada una de ellas. Por ejemplo:

Comportamiento del/a profesor/a de educación física frente a sus estudiantes:

0 puntos	1 punto	2 puntos	3 puntos	4 puntos	Puntaje obtenido
Nunca los/as ayuda en la ejecución de los ejercicios	Rara vez los/as ayuda en la ejecución de los ejercicios	Frecuentemente los/as ayuda en la ejecución de los ejercicios	Casi siempre los/as ayuda en la ejecución de los ejercicios	Siempre los/as ayuda en la ejecución de los ejercicios	

En un estudio con pautas de observación resulta importante entrenar a los/as codificadores/as (personas que registran las observaciones). También es necesario calcular la confiabilidad de los/as observadores/as, esto hace referencia a las diferencias en las mediciones que realiza. Por ejemplo, un/a observador/a que evalúa el tiempo efectivo de actividad física de niños/as de enseñanza básica obtiene un tiempo de 30 minutos en una observación, 50 minutos en otra y 65 minutos en otra, pese a que las clases son similares. En este caso el/a observador/a no es confiable. Esto se puede calcular de la siguiente forma:

Confiabilidad individual= $\dfrac{\text{Número de análisis correctos}}{\text{Número de análisis total}}$

Donde el número de análisis correcto corresponde a la cantidad de veces que el observador codifica en forma correcta un ítem de una subcategoría y el número de análisis total corresponde a la cantidad total de codificaciones. Por ejemplo, se utiliza un video sobre una clase de educación física y se codifica el total de situaciones que se desea medir (por ejemplo 20 situaciones). Luego se le muestra el mismo video a la persona que hará de observador/a en la investigación y se compara las codificaciones correctas que realiza (por ejemplo 10). Entonces dividimos 10 / 20 y obtenemos 0,50, un nivel bajo de confiabilidad.

También es posible determinar la confiabilidad de una observación entre varios individuos. Aplicamos la misma técnica anterior a varios sujetos que harán de observadores/as y comparamos los resultados entre ellos. Por ejemplo:

Observador 1= 15 / 20 = 0,75
Observador 2= 12 / 20 = 0,60
Observador 3= 17 / 20 = 0,85
Observador 4= 16 / 20 = 0,80

Los observadores más confiables son el número 3 y 4. Recordemos que los índices de confiabilidad van desde 0 (totalmente desconfiable) hasta 1 (totalmente confiable).

Finalmente, las observaciones pueden ser:
- **Participantes:** cuando el/la observador/a actúa en la situación que desea medir. Por ejemplo: un/a profesor/a de educación física que realiza la clase observa cuanto tiempo sus estudiantes se encuentran sin ejecutar ejercicios.
- **No participante:** cuando el/a observador/a no actúa en la situación que desea medir. Por ejemplo, un/a observador/a externo mide el tiempo que los/as estudiantes no realizan ejercicios durante una clase de educación física.

10.3 UTILIZACIÓN DE UN INSTRUMENTO DE MEDICIÓN

Los instrumentos de laboratorio no necesitan de corroboración de índices de validación y confiabilidad, pero las pruebas de campo, de actitudes y de conductas si necesitan ambos procesos, ya que estos son muy afectados por la cultura y las características particulares de cada población.

En una prueba de campo los pasos a seguir son:

1) Aplicar el instrumento a una pequeña muestra de unas 20-30 personas pertenecientes a la población que se desea estudiar (esto se conoce como prueba piloto).

2) Verificar la correcta ejecución de la prueba y que todos entiendan las instrucciones señaladas (protocolo de la prueba). Si existen problemas en uno o ambos aspectos es necesario realizar las modificaciones pertinentes y aplicar una nueva prueba piloto a un grupo diferente al de la primera vez.

3) Si el protocolo de la prueba es correcto se aplica el instrumento a la muestra final (por ejemplo, 200 o 300 sujetos). Además de aplicar nuestra prueba de interés es necesario aplicar al menos otra prueba que mida el mismo fenómeno. La razón de aplicar una o más pruebas similares a la que queremos usar, es determinar la validez del instrumento, ya que, si todos miden lo mismo, sus resultados debiesen ser similares, sino el instrumento que queremos utilizar no resulta válido para esa población.

4) Pasado algunos días volvemos a aplicar el instrumento de nuestro interés a la misma muestra anterior. Con esto podemos determinar la confiabilidad de la prueba, ya que los resultados obtenidos en la 1° y 2° aplicación debiesen ser similares (sistema test-retest), sino la prueba no es adecuada para ser utilizada como instrumentos de investigación en esa población.

En el caso de las escalas, cuestionarios e inventarios que han sido construidos en otros países, también requieren de una validación en el contexto social y temporal donde deseamos aplicarlos. Traducir una prueba es necesario, pero no representa la validez de este. Para esto debemos seguir una serie de pasos:

1) Si la prueba está escrita en otro idioma traducirlo al idioma en el que

se va a utilizar (por ejemplo, de inglés a español) y luego con la versión en el 2° idioma volver a traducirlo al original. Si en todo este proceso el contenido y redacción de los ítems se mantienen similares, la traducción es correcta.

2) Aplicar el instrumento a una prueba piloto y realizar las correcciones necesarias, como se explicó anteriormente en la prueba de campo. En este paso es común tener que modificar algunas palabras que no son tan familiares en el contexto que se desea aplicar la prueba (esto se evidencia cuando muchas personas preguntan qué significa cierta palabra o expresión), de ser así es necesario aplicar una 2° prueba piloto.

3) Aplicación del instrumento a la muestra final.

4) Análisis estadísticos de los datos aplicando pruebas de confiabilidad (sistema test-retest, de dos mitades, alfa de Cronbach, etc.) y validez para el instrumento (análisis factoriales).

5) Si los resultados del análisis muestran que la confiabilidad o la validez del instrumento es muy bajo se rechaza y resulta necesario utilizar otro para la investigación rehaciendo todos los pasos anteriores con una nueva prueba.

Capítulo 11

ANÁLISIS DE LOS DATOS: ESTADÍSTICA DESCRIPTIVA

11.1 NIVEL DE MEDICIÓN

Los datos obtenidos de nuestras encuestas, escalas o inventarios deben ser ingresados a una matriz de datos (por ejemplo, una planilla de Excel). Posterior a esto debemos realizar el análisis de estos, que se realizará con la ayuda de algún software estadístico. El programa más difundido en el mundo para realizar análisis estadísticos cuantitativos es el SPSS (Statistical Package for the Social Sciences).

El primer paso es determinar el nivel de medición de los datos que tenemos, estos se clasifican en:

a) **Categóricos:** corresponde a los datos que denotan una categoría o cualidad. Por ejemplo, la ciudad de nacimiento (Concepción, Santiago, Valparaíso, etc.), el nivel de experticia en un deporte (muy bajo, bajo, medio, alto, muy alto) o el IMC (bajo peso, normal, sobre peso, obesidad I, obesidad II, obesidad III). Los datos categóricos se dividen a su vez en dos:

- **Nominal**: corresponden a valores estructurados en categorías (dos o más) que no poseen orden jerárquico (ninguna categoría es más importante que otra). Por ejemplo: sexo de nacimiento, que se divide en dos categorías: mujer y hombre; tipo de establecimiento educacional que se divide en tres categorías: municipal, subvencionado y privado.

- **Ordinal**: corresponde a valores estructurados en categorías (dos o más) que si poseen orden jerárquico. Por ejemplo, los niveles de campeonatos deportivos: intercolegios, municipales, comunales, regionales, nacionales e internacionales. En un colegio: director/a, jefe/a de UTP, jefes/as de departamento, docentes, etc.

b) **Numéricos**: corresponde a los datos cuyos resultados se muestran ordenados en un continuo y donde la distancia entre cada intervalo es el mismo. Por ejemplo, las notas obtenidas en el colegio. Los datos numéricos se subdividen en dos:

- **Intervalares**: corresponde a valores continuos, donde el cero es arbitrario. Por ejemplo, la temperatura, los resultados de una prueba, resultados de una encuesta, etc.
- **De razón**: corresponde a valores continuos, donde el cero es absoluto (no existe la propiedad medida). Número de hijos, edad, número de integrantes de un equipo, etc.

10.2 UTILIZACIÓN DEL PROGRAMA ESTADÍSTICO SPSS

Una vez que hemos definido los niveles de medida de nuestras variables, procederemos a utilizar el programa SPSS 25.0 para analizar nuestros datos. Tras instalar dicho programa en nuestro computador, lo primero que debemos hacer es abrir el programa, mostrándonos una pantalla como la figura 11.1.

Figura 11.1 *Pantalla de inicio del SPSS.*

Luego debemos ingresar los descriptivos de las variables presionando **Vista de variables**, con lo que aparecerá una pantalla como la figura 11.2. Aquí debemos colocar el nombre de nuestras variables. En **Tipo** automáticamente aparecerá numérica. En **decimales** puede modificarse la cantidad de decimales que requieran los datos.

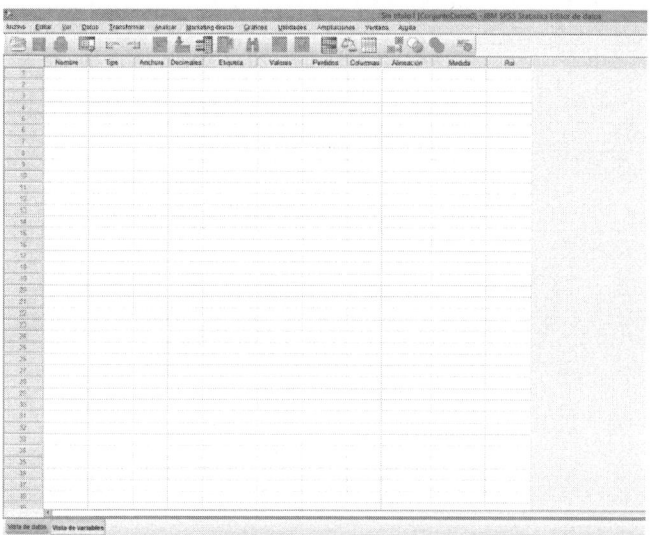

Figura 11.2 *Pantalla Vista de variables.*

Si nuestra variable es nominal u ordinal debemos describir las categorías y el número elegido para ella. Al presionar **Ninguna** en la columna **Valores** de una variable aparerecerá un boton al lado y al presionarlo se observará una pantalla como la figura 11.3. En el recuadro **Valor** coloque el número asignado a cada grado de la variable. Por ejemplo, si la variable es sexo, en el cuadro de valor coloque 1 y en el cuadro **Etiqueta** lo que significa el número (por ejmplo, 1=femenino). Luego presione añadir. Ahora en el cuadro **Valor** coloque 2 y en el cuadro **Etiqueta** escriba masculino. Presione **Añadir**. Tras introducir todos valores presione **Aceptar** para grabar los datos.

Siguiendo el mismo sistema complete las descripciones de cada variable categórica (Fig. 11.4). Recuerde que cuando utilice variables de intervalo o de razón no se describen valores.

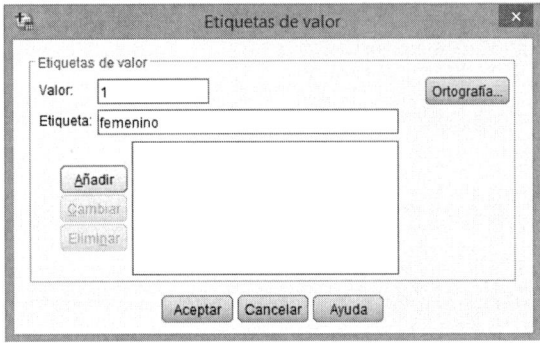

Figura 11.3 *Pantalla Etiqueta de valor*

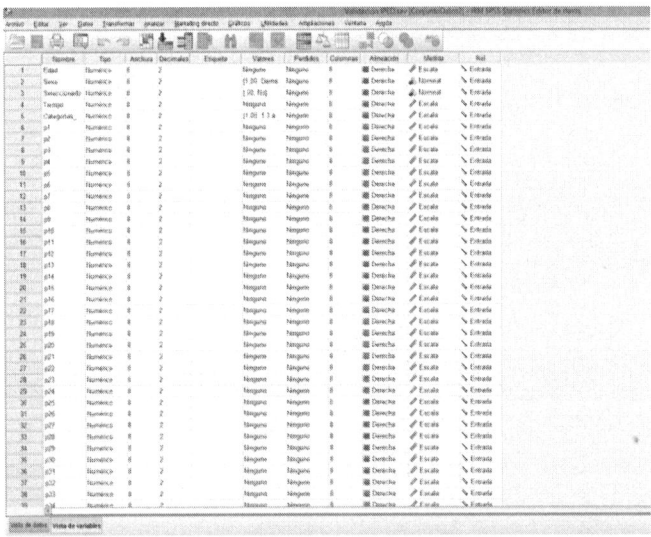

Figura 11.4 *Pantalla Vista de variables completa.*

Ahora volvemos a **Vista de datos** y podemos escribir los valores para cada variable hasta completar el traspaso de datos (Fig. 11.5).

Para realizar todas las pruebas estadísticas debemos ir a **Analizar** (en la barra superior) y se desplegará el índice general. Cuando seleccionamos alguno de ellos aparecerá el índice particular de cada prueba (Fig. 11.6).

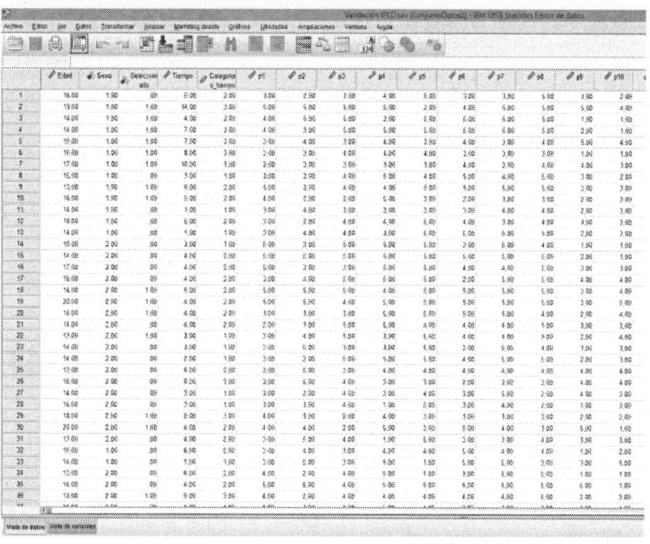

Figura 11.5 *Pantalla Vista de datos completada.*

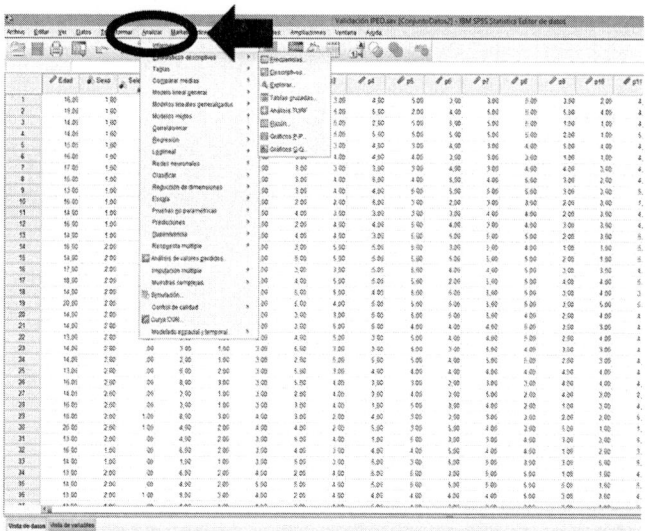

Figura 11.6 *Pestaña de análisis de datos.*

11.3 ESTADÍSTICA DESCRIPTIVA

Los análisis descriptivos nos entregan las características de las variables estudiadas, es decir, como se presentan las variables en la muestra evaluada. Recordemos que los datos pueden ser categóricos o numéricos, existiendo analisis estadísticos específicos para cada uno. En la figura 10.7 se presentan los análisis descriptivos que se pueden realizar con datos categóricos (tablas de frecuencia) y datos numéricos (medidas de tendencia central, variabilidad y forma).

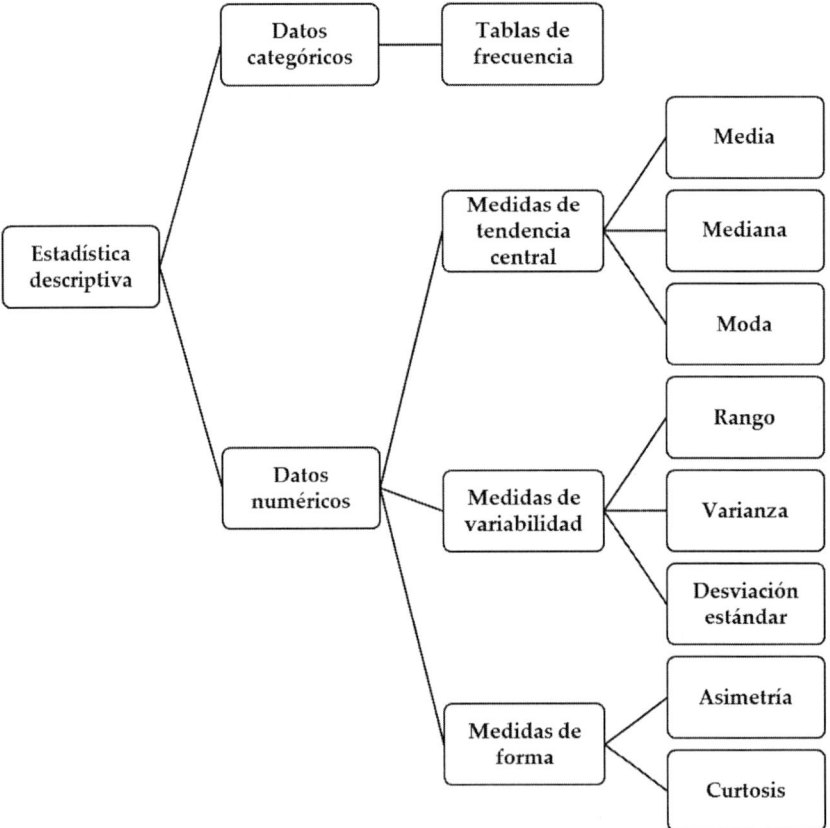

Figura. 11.7 *Tipos de análisis descriptivos.*

11.3.1 Análisis para datos categóricos

Tablas de frecuencias

Corresponde a la cantidad de datos ordenados por categorías. En el SPSS 25.0 en la pantalla de **Vista de datos** vamos a:

- **Analizar**
  - **Estadísticos descriptivos**
    - **Frecuencias**

En frecuencias aparece una pantalla como la figura 11.8. En el cuadro de la izquierda aparecen todas nuestras variables. Las variables nominales y ordinales debemos moverlas al cuadro de la derecha utilizando la flecha del centro de los cuadros. Luego presionar **Aceptar.**

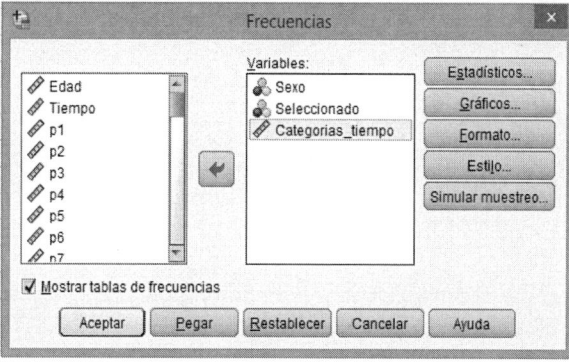

Figura 11.8 *Pantalla de Frecuencias.*

Aparecerá la hoja de análisis como muestra la figura 11.9. Cada vez que realicemos un análisis estadístico los resultados aparecerán automáticamente en esta hoja.

La **tabla de frecuencias** será como la figura 11.10. Donde podemos observar la variable en la parte superior (sexo de la muestra). Las categorías de la variable se observan en la columna izquierda (Damas y Varones), en la columna **Frecuencia** podemos observar la cantidad de sujetos en cada categoría, en la columna **Porcentaje** se muestra el valor correspondiente a la cantidad de frecuencia en relación al total, en la columna **Porcentaje válido** se observa un nuevo porcentaje en caso que existan datos perdidos (de lo contrario su valor será igual a la columna Porcentaje) y en la columna **Porcentaje acumulado** se muestra el porcentaje sumando categorías.

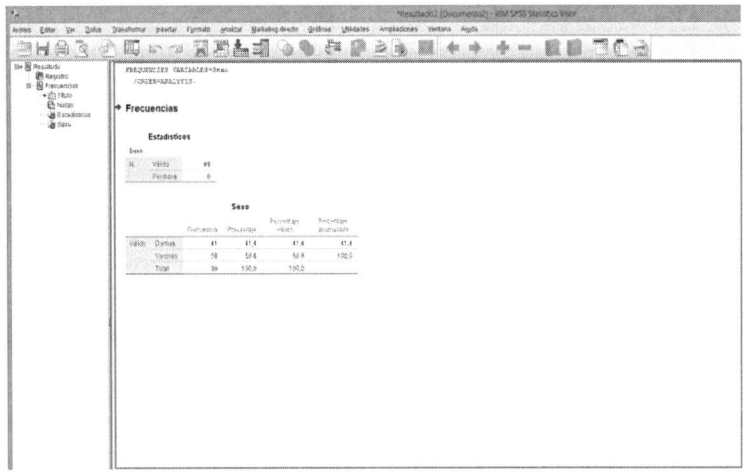

Figura 11.9 *Hoja con los análisis del SPSS 25.0*

Sexo

		Frecuencia	Porcentaje	Porcentaje válido	Porcentaje acumulado
Válido	Damas	41	41,4	41,4	41,4
	Varones	58	58,6	58,6	100,0
	Total	99	100,0	100,0	

Figura 11.10 *Tabla de frecuencias.*

También es posible graficar las frecuencias con histogramas de barra, con gráficos circulares u otros tipos de gráficos, para ello vamos a la *Pantalla de Frecuencias* y marcamos la opción **Gráficos** (Fig. 11.11). Tras esto aparece una pantalla como la figura 11.12, aquí seleccionamos el tipo de gráfico que deseamos, luego presionamos **Continuar** y al volver a la *Pantalla de Frecuencias* presionamos **Aceptar**. La hoja de respuesta nos entrega un gráfico como la figura 11.13.

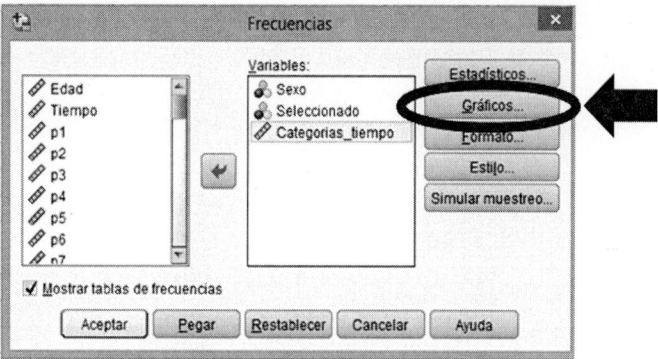

Figura 11.11 *Opción Gráficos en la Pantalla de Frecuencias.*

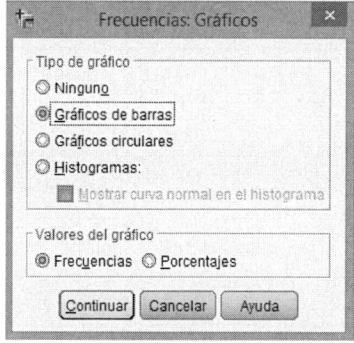

Figura 11.12 *Pantalla Frecuencias: Gráficos.*

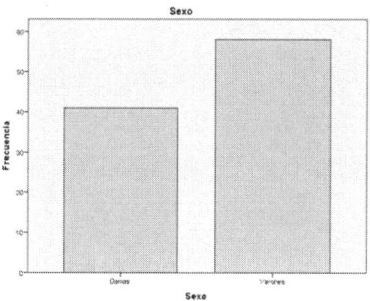

Figura 11.13 *Gráfico de frecuencias de la variable Sexo de la muestra.*

11.3.2 Análisis para datos numéricos

a) **Medidas de tendencia central**: corresponden a los valores medios o centrales de la distribución de una variable. Las medidas de tendencia central más comunes son:

- **Media**: corresponde al promedio aritmético de la distribución de la variable. Por ejemplo:

Sujeto	Valor	Sujeto	Valor	Sujeto	Valor
Nº 1	3	Nº 6	12	Nº 11	5
Nº 2	5	Nº 7	15	Nº 12	6
Nº 3	7	Nº 8	16	Nº 13	2
Nº 4	8	Nº 9	2	Nº 14	18
Nº 5	9	Nº 10	4		

En la serie de datos entregada la media corresponde a 8 que es el promedio de los 14 valores dados.

- **Mediana**: Corresponde al valor central de la distribución de la variable ordenada de menor a mayor. La mediana divide la cantidad de datos por la mitad. Se utiliza en niveles de medición ordinal, de intervalos y de razón. Por ejemplo:

Sujeto	Valor	Sujeto	Valor	Sujeto	Valor
Nº 1	3	Nº 6	8	Nº 11	13
Nº 2	4	Nº 7	9	Nº 12	14
Nº 3	5	Nº 8	10	Nº 13	15
Nº 4	6	Nº 9	11	Nº 14	16
Nº 5	7	Nº 10	12	Nº 15	17

En la serie de datos entregada la mediana corresponde al 10, ya que quedan 7 valores bajo y 7 sobre él, dividiendo la distribución en dos mitades.

- **Moda**: corresponde al valor que más se repite dentro de la distribución de la variable. Se utiliza con los cuatro niveles de medición. Por ejemplo:

Sujeto	Valor	Sujeto	Valor	Sujeto	Valor
Nº 1	3	Nº 6	1	Nº 11	3
Nº 2	3	Nº 7	2	Nº 12	4
Nº 3	2	Nº 8	4	Nº 13	5
Nº 4	4	Nº 9	5	Nº 14	2
Nº 5	5	Nº 10	6	Nº 15	4

En la serie de datos entregados la moda corresponde al 4 que es el valor que se repite más veces.

b) **Medidas de variabilidad**: corresponden a la dispersión de los datos de nuestra frecuencia de variable. Las medidas de variabilidad más utilizadas son:

• **Rango**: Corresponde a la diferencia entre la puntuación mayor y menor de una variable. Por ejemplo:

Sujeto	Valor	Sujeto	Valor	Sujeto	Valor
Nº 1	3	Nº 6	12	Nº 11	6
Nº 2	5	Nº 7	15	Nº 12	2
Nº 3	7	Nº 8	16	Nº 13	18
Nº 4	8	Nº 9	2	Nº 14	12
Nº 5	9	Nº 10	4	Nº 15	9

En la serie de datos entregada el rango corresponde a 16, ya que el dato mayor es el 18 y se le resta el menor que es 2.

• **Varianza**: Corresponde a la media del cuadrado de las desviaciones respecto a la media. Por ejemplo:

Sujeto	Valor	Sujeto	Valor
Nº 1	1	Nº 6	4
Nº 2	2	Nº 7	6
Nº 3	4	Nº 8	7
Nº 4	5	Nº 9	4
Nº 5	3	Nº 10	2

En la serie entregada la varianza es 3,51. Este índice se utiliza para desarrollar variadas pruebas estadísticas inferenciales (que se verán más adelante en este capítulo).

- **Desviación estándar**: Corresponde al promedio de la desviación de los datos con respecto a la media. Se obtiene con la raíz cuadrada de la varianza. Siguiendo el mismo ejemplo anterior la desviación estándar es $\sqrt{3,51} = 1,87$.

c) **Medidas de forma**: corresponden a índices de cómo se distribuyen los datos (Fig. 11.14). Los dos estadísticos más utilizados son:

- **Asimetría**: muestra como es la distribución de los datos en relación con la derecha-izquierda de la curva. Si la asimetría es 0 la curva es simétrica (igual a ambos lados). Si el valor de la simetría es positiva los valores se agrupan hacia la izquierda de la curva (la mayor parte de la muestra obtuvo puntuaciones bajas) y si es negativa, hacia la derecha (la mayoría obtuvo puntuaciones altas).
- **Curtosis**: muestra lo alto de una curva. Si la curtosis es 0 la curva tiene una altura normal (muchos sujetos de la muestra obtuvieron puntuaciones medias y pocos obtuvieron puntajes bajos y altos), si la curtosis es positiva la curva es más levantada (la mayoría obtuvo puntajes medios y casi nadie puntajes bajos y altos), si la curtosis es negativa, la curva es más plana (muchos puntajes medios, bajos y altos).

Ejemplo 11.1

Los tiempos de la prueba de naveta de 3 cursos de primero de secundaria de un colegio de Copiapó fueron:

Naveta	N° estudiantes 1° A	N° estudiantes 1° B	N° estudiantes 1° C
2-3 min	2	6	1
4-5 min	8	14	3
6-7 min	15	8	26
8-9 min	7	5	4
10-11 min	3	2	1

Si graficamos estos resultados y observamos su distribución notamos que los estudiantes del 1° A obtuvieron muchos tiempos medios (4-9 min) y pocos tiempo bajos y altos (Fig. 11.14) lo que corresponde a una asimetría y curtosis de cero, los estudiantes del 1° B obtuvieron muchos tiempos bajos (2-5 min) y pocos altos (Fig. 11.15) lo que evidencia una asimetría positiva y los estudiantes del 1° C obtuvieron la mayoría de puntajes medios (6-7 min) y casi ninguno tiempo bajo o alto (Fig. 11.16) que corresponde a una curtosis positiva.

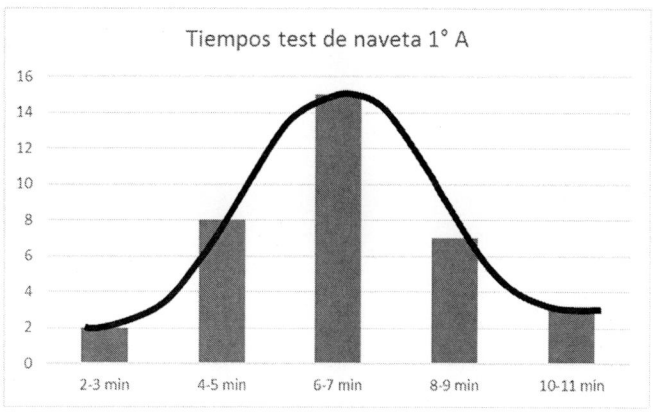

Figura 11.14 *Distribución con una asimetría y curtosis de cero.*

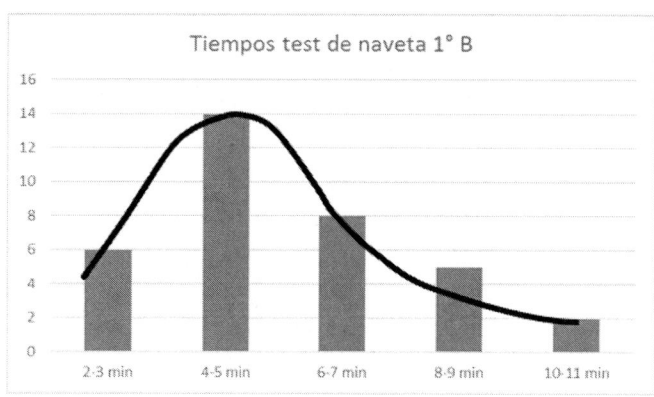

Figura 11.15 *Distribución con asimetría positiva.*

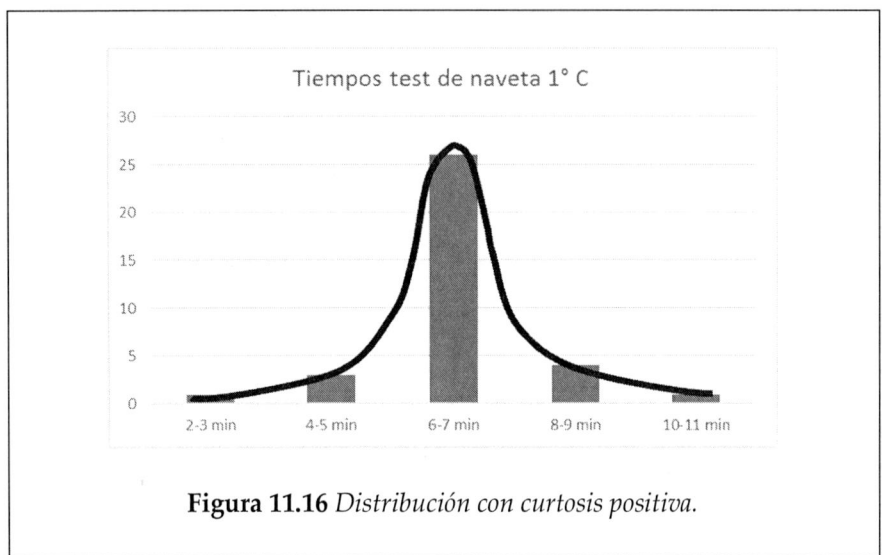

Figura 11.16 *Distribución con curtosis positiva.*

En el SPSS vamos a:
- **Analizar**
  - **Estadísticos descriptivos**
    - **Frecuencias**

Figura 11.17 *Pantalla Frecuencias.*

Aparecerá una pantalla como la figura 11.17. Pasamos las variables que deseamos analizar al cuadro de la derecha y presionamos **Estadísticos**, abriéndose una pantalla como la figura 11.18. En la sección *Tendencia Central* marcamos las opciones media, mediana, moda y suma, en la sección *Dispersión* marcamos las opciones desviación estándar, varianza, rango, mínimo y máximo, y en la sección *Distribución* marcamos las opciones asimetría y curtosis.

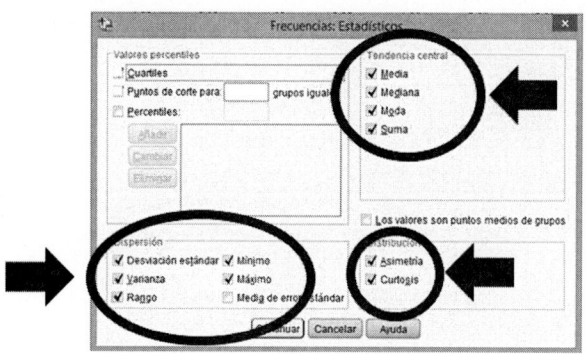

Figura 11.18 *Pantalla Descriptivos: Opciones.*

La hoja de respuestas nos entrega una tabla como la figura 11.19.

Estadísticos

Edad

N	Válido	99
	Perdidos	0
Media		15,2424
Mediana		15,0000
Moda		14,00
Desviación estándar		1,80753
Varianza		3,267
Rango		8
Asimetría		,952
Error estándar de asimetría		,243
Curtosis		,554
Error estándar de curtosis		,481
Mínimo		13,00
Máximo		21,00
Suma		1509,00

Figura 11.19 *Tabla de estadísticos de una variable.*

Capítulo 12

ANÁLISIS DE LOS DATOS: ESTADÍSTICA INFERENCIAL PARAMÉTRICA

12.1 INTRODUCCIÓN A LA ESTADÍSTICA INFERENCIAL

La estadística inferencial corresponde al proceso de utilizar los resultados de la muestra para extrapolarlos a la población de nuestro estudio. Este tipo de estadística se utiliza para contrastar las hipótesis de nuestra investigación, proceso denominado **prueba de hipótesis**, la cual depende de dos parámetros importantes: la distribución de los datos de la muestra y el nivel de significancia.

12.1.1 Distribución muestral

Se relaciona con la distribución de los datos. En cantidades grandes de información estos presentan una distribución normal, es decir, a partir de la media de los datos existe una distribución igual hacia arriba y abajo de ella, concentrándose la mayoría cerca del promedio (Fig. 11.1). En la figura se observa la línea promedio (media) de los datos y tres desviaciones estándar de la media (hacia arriba positivo y abajo negativa). Esto se interpreta de la siguiente manera: En una distribución normal todos los datos que se encuentran a una desviación estándar (por arriba y debajo de la media) corresponden al 68,26% de los casos. Todos los datos que se encuentran a dos desviaciones estándar corresponden al 95,44% de los casos y todos los datos que se encuentran a tres desviaciones estándar corresponden al 99,74% de los casos.

Generalmente en un conjunto de datos suficientemente grande los resultados tienden a centrase cerca de la media y son pocos los casos extremos (muy arriba o muy abajo), de ahí que la curva de normalidad en la distribución de los datos tiende a formar una campana.

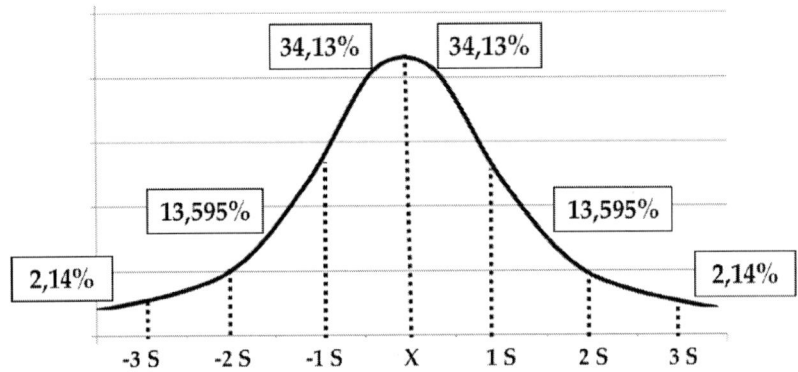

Figura 11.1 *Distribución normal de un conjunto de datos (sacado de Maureira, 2017, p. 94).*

Por ejemplo, si un/a investigador/a mide el salto largo a pies juntos en estudiantes de enseñanza secundaria, algunos saltarán 1,20 mts., otros 1,35 mts., otros 1,40 mts., etc. Si sacamos la media, notaremos que la mayoría de los casos se ubican alrededor de ella (una desviación estándar), que corresponde al 68,26% de todos los datos. Al contrario, muy pocos estudiantes obtendrán saltos muy cortos o largos (los que se encuentran fuera de dos desviaciones estándar) siendo sólo de un 4,66% de los casos.

En investigación nos interesa saber si la distribución de los datos de la muestra (que hemos medido) es similar a la distribución de los datos de la población (que no hemos medido), con el fin de poder generar inferencias, es decir, explicar que sucede con la población teniendo las mediciones de una parte de ella.

12.1.2 Nivel de significancia

Esto corresponde al grado de certeza o la probabilidad de que un evento ocurra. La probabilidad se mide entre 0 y 1, siendo el primero una absoluta desconfianza de que un hecho acontezca y el 1 una absoluta confianza de que un hecho ocurra. Los niveles de significancia o niveles alfa más utilizados en ciencias sociales son de 0,05 y 0,01 (95% y 99% de probabilidades de acertar respectivamente). El nivel de significancia lo fija el/la investigador/a antes de realizar el análisis de los datos.

12.1.3 Hipótesis nulas y prueba de hipótesis

Con la prueba de hipótesis lo que buscamos saber es si debemos aceptar o rechazar nuestras hipótesis. Una vez que hemos asignado nuestro nivel de significancia (generalmente 0,05) lo que hacemos es realizar el análisis de los datos. Si los resultados nos indican un nivel inferior a 0,05 debemos rechazar la hipótesis nula (que plantea la no existencia de relación entre variables o la igualdad de ella). Si los resultados nos indican un nivel igual o superior a 0,05 debemos aceptar la hipótesis nula.

Cuando se realizan pruebas de hipótesis hay que tener cuidado con cometer dos errores:

- Error tipo I o Alfa: Rechazar una hipótesis verdadera.
- Error tipo II o Beta: Aceptar una hipótesis falsa.

Para disminuir los riesgos de estas situaciones debemos seleccionar muestras representativas (al azar) de la población y seleccionar las pruebas estadísticas apropiadas.

Para realizar análisis inferenciales podemos utilizar pruebas paramétricas o pruebas no paramétricas como se muestra en la figura 12.2.

12.2 ANÁLISIS INFERENCIALES PARAMÉTRICOS

Corresponde a los análisis estadísticos que se realizan cuando los datos poseen las siguientes características:

- La distribución de la variable dependiente es normal.
- El nivel de medición es de intervalo o de razón.
- Cuando se estudian dos o más poblaciones y estas poseen una varianza homogénea (las poblaciones poseen dispersiones similares de los datos).

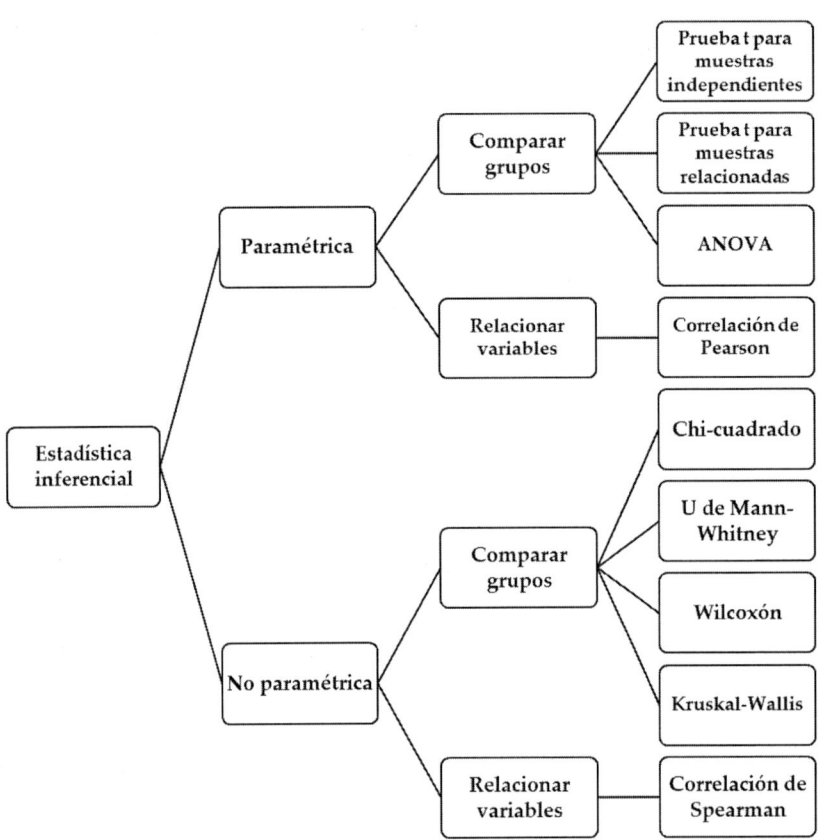

Figura 12.2 *Pruebas estadísticas inferenciales.*

Recordemos que antes de realizar el análisis de los datos debemos formular las hipótesis correspondientes. Para saber si nuestros datos siguen una distribución normal primero debemos formular:

H_1= Los datos de la variable X no siguen una distribución normal.
H_0= Los datos de la variable X siguen una distribución normal.

Luego utilizamos la prueba KS (Kolmogorov-Smirnov) o la prueba de Shapiro-Wilk, la primera se utiliza cuando los datos superan los 50 casos y la segunda cuando el número es menor. Ambas pruebas se pueden realizar en el SPSS 25.0 en:

- **Analizar**
  - **Estadísticos descriptivos**
    - **Explorar**

Ahí aparecerá una pantalla como la figura 12.3. Aquí pasamos las variables que deseamos analizar al cuadro *Lista de dependientes* y luego marcamos la opción **Gráficos** apareciendo una pantalla como la figura 12.4.

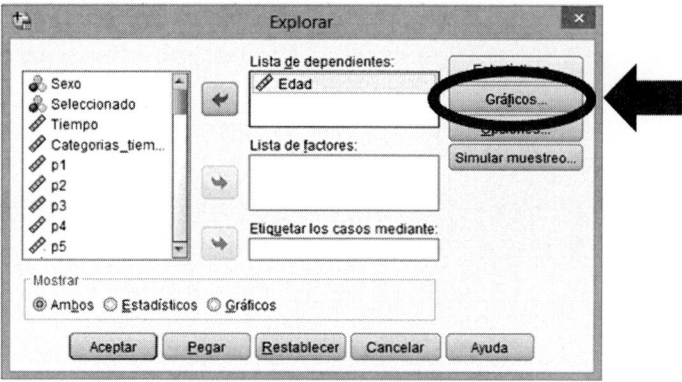

Figura 12.3 *Pantalla Explorar.*

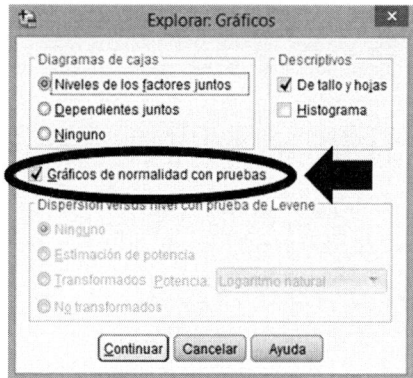

Figura 12.4 *Pantalla Explorar: Gráficos.*

En esta pantalla marcamos *Gráficos de normalidad con pruebas*, luego presionamos **Continuar** y volvemos a la pantalla *Explorar*, donde marcamos **Aceptar**.

La hoja de análisis nos entrega una serie de tablas y gráficos, pero la que necesitamos es la tabla de la figura 12.5, donde observamos un valor de Sig. de 0,000 (p<0,05) en la prueba de Kolmogorov-Smirnov (que utilizaremos si tenemos mas de 50 casos) y un valor de Sig. de 0,000 (p<0,05) en la prueba de Shapiro-Wilk (que utilizaremos si tenemos menos de 50 casos), por lo tanto, rechazamos la hipótesis nula de normalidad de los datos.

Pruebas de normalidad

	Kolmogorov-Smirnov[a]			Shapiro-Wilk		
	Estadístico	gl	Sig.	Estadístico	gl	Sig.
Edad	,219	99	,000	,889	99	,000

a. Corrección de significación de Lilliefors

Figura 12.5 *Pruebas de normalidad KS y de Shapiro-Wilk.*

Una vez confirmada la normalidad de nuestros datos procedemos a realizar las pruebas inferenciales correspondientes. Los análisis paramétricos más utilizados son las pruebas t, Análisis de Varianza (ANOVA) y la correlación de Pearson.

12.3 PRUEBA T PARA MUESTRAS INDEPENDIENTES

Es una prueba para determinar si existen diferencias significativas entre las medias de dos muestras que poseen sujetos diferentes. Por ejemplo: un investigador desea conocer las horas semanales de práctica de ejercicio físico de hombres y mujeres de 30-40 años de la comuna de Ñuñoa. Para ello establece las hipótesis:

H1= Existen diferencias significativas en la cantidad de horas semanales de práctica de ejercicio físico entre hombres y mujeres de la muestra.

H0= No existen diferencias significativas en la cantidad de horas semanales de práctica de ejercicio físico entre hombres y mujeres de la muestra.

En el SPSS vamos a:

- **Analizar**
  - **Comparar medias**
    - **Prueba T para muestras independientes**

Luego se abrirá una pantalla como la figura 12.6. En el cuadro de la izquierda aparecen todas nuestras variables. Debemos pasar al cuadro *variables de prueba* nuestra variable dependiente y al cuadro *variable de agrupación* nuestra variable independiente.

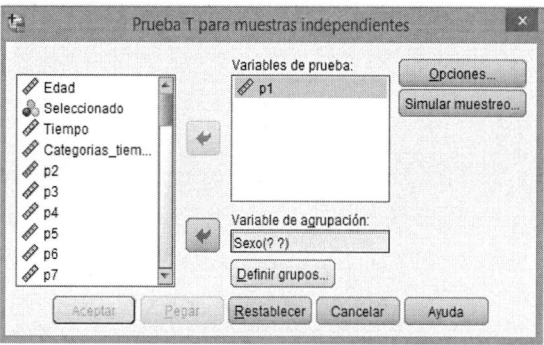

Figura 12.6 *Pantalla Prueba T para muestras independientes.*

Luego debemos presionar **definir grupos** y aparecerá una pantalla como la figura 12.7. Aquí debemos colocar los valores que utilizamos para clasificar la variable (en este caso, 1 para hombres y 2 para mujeres). Este valor fue el que se le dio a la variable cuando definimos los descriptores al ingresar los datos (ver página 103).

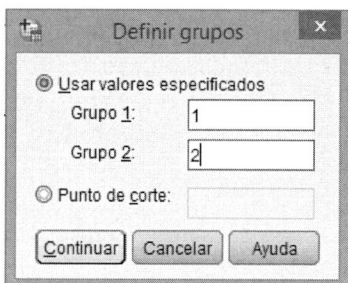

Figura 12.7 *Pantalla Definir grupos.*

Luego presionamos Continuar, con lo que volvemos a la pantalla de *prueba t para muestras independientes* y presionamos **Aceptar**.

En la hoja de análisis aparecerán dos tablas como la figura 12.8 y 12.9, en la primera de ellas observamos los análisis descriptivos del número de casos (N), de la media, de la desviación estándar y del error estándar de la media.

	sexo	N	Media	Desviación estándar	Media de error estándar
Horas EF	femenino	42	6,5952	1,03697	,31431
	masculino	72	3,1806	1,59646	,30600

Figura 12.8 *Tabla estadísticos descriptivos de la prueba T para muestras independientes.*

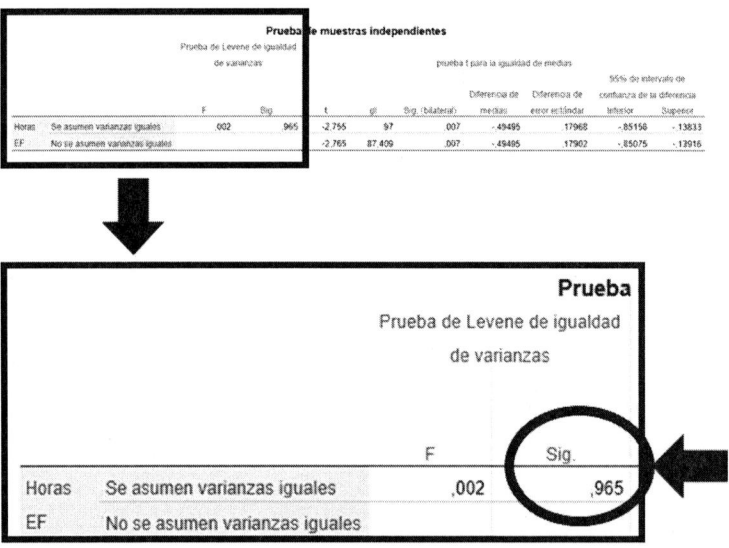

Figura 12.9 *Tabla de prueba T para muestras independientes resaltando la prueba de Levene.*

En la segunda tabla observamos la comparación de las medias entre práctica de ejercicio físico para hombres y mujeres. En la primera parte la prueba de Levene para igualdad de varianzas nos entrega un valor de Significación de 0,965 (p>0,05) por lo cual se acepta la hipótesis nula que plantea la igualdad de varianzas. Entonces utilizaremos la fila superior de resultados (en caso contrario se utiliza la fila inferior).

En la segunda parte, la Sig. para la comparación de medias de los grupos es igual a 0,007 (p<0,05). Razón por la cual se rechaza la hipótesis nula y se acepta que existen diferencias significativas en la horas semanales de práctica de ejercicio físico entre hombres y mujeres de la muestra.

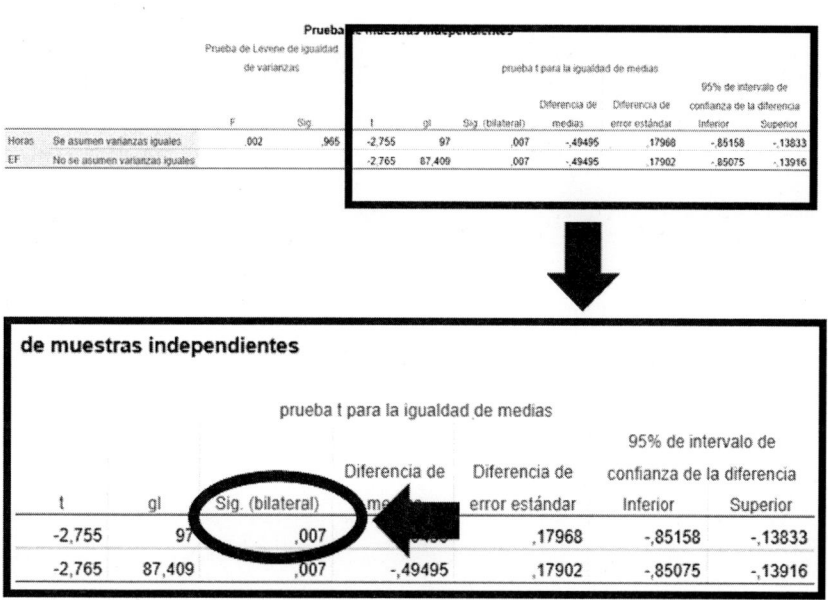

Figura 12.10 *Tabla de prueba T para muestras independientes.*

12.4 PRUEBA T PARA MUESTRAS RELACIONADAS

Es una prueba para determinar si existen diferencias significativas entre dos medias de los mismos sujetos. Por ejemplo: un/a investigador/a desea conocer si existen efectos de charlas deportivas motivacionales sobre la práctica de ejercicio físico en una población sedentaria. Para ello se establecen las siguientes hipótesis:

H1= Las charlas deportivas motivacionales influyen en la práctica del ejercicio físico en un grupo de personas sedentarias.

H0= Las charlas deportivas motivacionales no influyen en la práctica del ejercicio físico en un grupo de personas sedentarias.

En el SPSS vamos a:
- **Analizar**
  - **Comparar medias**
    - **Prueba T para muestras relacionadas**

Se abrirá una pantalla como la figura 12.11. En el cuadro de la izquierda aparecen todas variables. Debemos pasar al cuadro derecho las dos mediciones de la variable (medición 1 y medición 2 de la practica de ejercicio físico). Luego presionamos **Aceptar**.

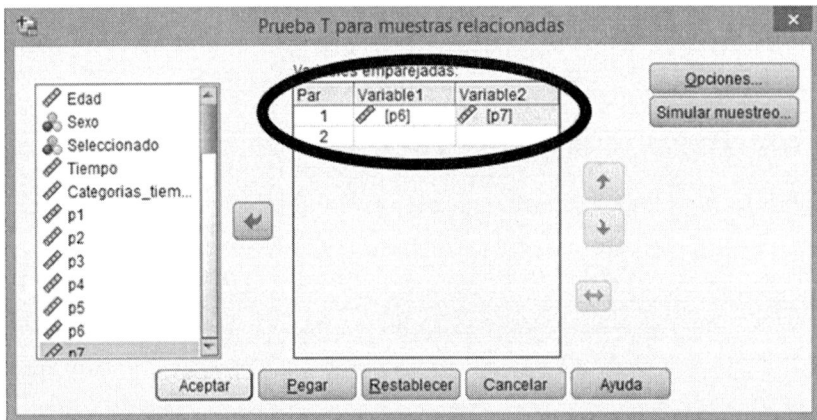

Figura 12.11 *Pantalla Prueba T para muestras relacionadas.*

La hoja de análisis entrega una tabla como la figura 12.12. Ahí se observa que el Sig. es de 0,005 (p<0,05) razón por la cual rechazamos la hipótesis nula y observamos cambios significativos en la práctica del ejercicio físico tras charlas deportivas motivacionales en la muestra.

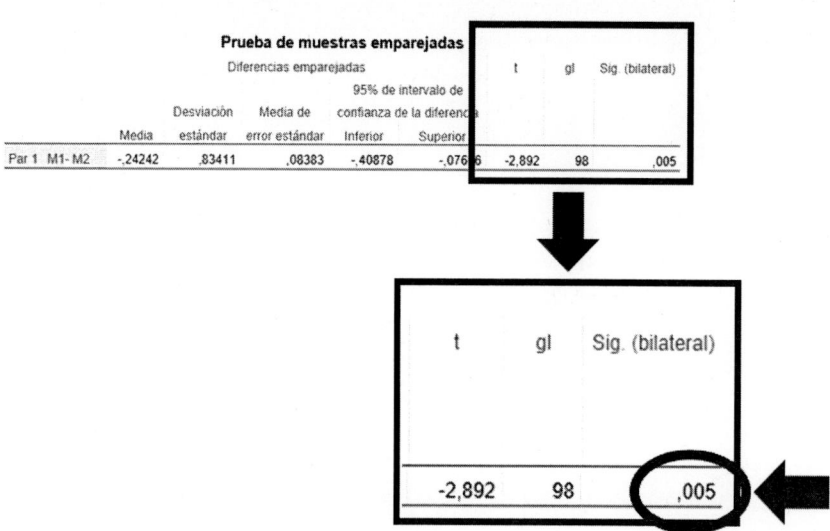

Figura 12.12 *Tabla Prueba T para muestras relacionadas.*

12.5 ANOVA DE UN FACTOR

El análisis de varianza de un factor (ANOVA de un factor) es una prueba para determinar si existen diferencias significativas entre las medias de tres o más grupos independientes. Por ejemplo: un investigador/a desea conocer si existen diferencias en las horas semanales de práctica de ejercicio físico de estudiantes universitarios/as por carreras. Entonces se plantean las siguientes hipótesis:

H_1= Existen diferencias significativas en las horas semanales de práctica de ejercicio físico en estudiantes universitarios de diferentes carreras.

H_0= No existen diferencias significativas en las horas semanales de práctica de ejercicio físico de la muestra según carrera.

En el SPSS vamos a:
- **Analizar**
  - **Comparar medias**
    - **ANOVA de un factor**

Se abre una pantalla como la figura 12.13. En el cuadro izquierdo aparecen todas nuestras variables. Debemos llevar al cuadro *Lista de dependientes* las variables que deseamos comparar y al cuadro *Factor* la variable de agrupación (en el ejemplo, las carreras). Luego presionamos **Post hoc** y se abre una pantalla como la figura 12.14 donde marcamos **Tukey**, una prueba que realizará comparaciones entre pares de medias, para saber entre cuales existen diferencias.

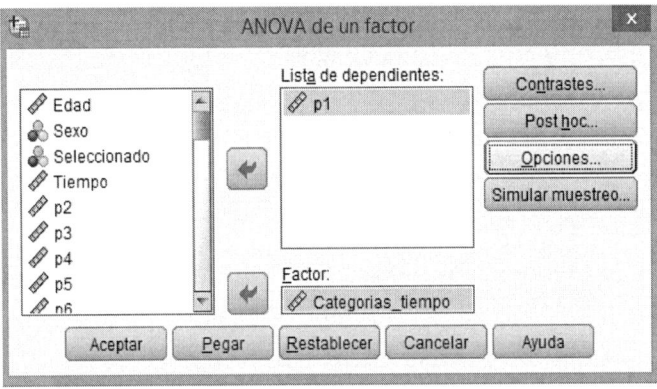

Figura 12.13 *Pantalla ANOVA de un factor.*

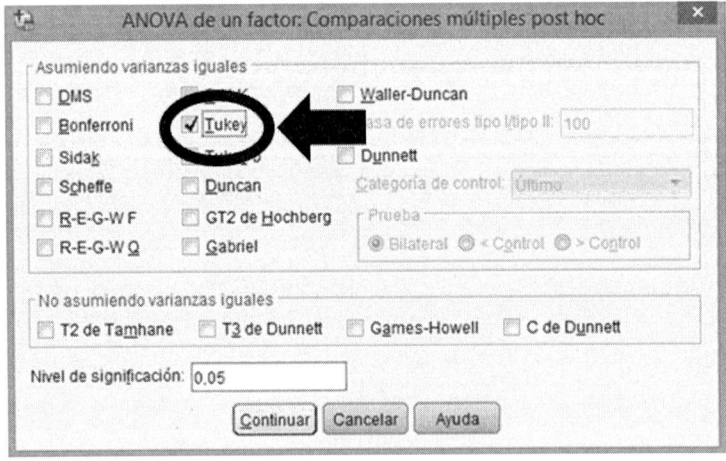

Figura 12.14 *Pantalla ANOVA de un factor: comparaciones múltiples post hoc.*

Presionamos **Continuar** y regresamos a la pantalla de ANOVA de un factor y presionamos **Aceptar**.

La hoja de análisis nos entrega una tabla como la figura 12.15 y 12.16, en la primera se observa que las horas semanales de práctica de ejercicio físico presenta diferencias por carreras con un valor Sig. de 0,000 (p<0,05) por lo tanto, rechazamos la hipótesis nula y establecemos que existen diferencias de la variable dependiente entre las carreras.

ANOVA

Ejercicio físico

	Suma de cuadrados	gl	Media cuadrática	F	Sig.
Entre grupos	47,731	3	15,910	14,320	,000
Dentro de grupos	25,560	23	1,111		
Total	73,291	25			

Figura 12.15 *Tabla de ANOVA.*

Comparaciones múltiples

Variable dependiente: Ejercicio físico
HSD Tukey

(I) Categorías carreras	(J) Categorías carreras	Diferencia de medias (I-J)	Error estándar	Sig.	Intervalo de confianza al 95%	
					Límite inferior	Límite superior
Ed. Física	Matemáticas	1,98889*	,21299	,047		,1182
	Historia	-,25926	,27497	,615	-,9138	,3953
Matemáticas	Ed. Física	-1,98889*	,21299	,047	-,1182	,8959
	Historia	,12963	,24594	,858	-,4559	,7151
Historia	Ed. Física	,25926	,27497	,615	-,3953	,9138
	Matemáticas	-,12963	,24594	,858	-,7151	,4559

Figura 12.16 *Tabla de Comparaciones múltiples Tukey.*

En la tabla de la figura 12.16 vemos las comparaciones entre cada par de carreras. En la columna Sig. se observan las diferencias significativas, por ejemplo, entre educación física y matemáticas el Sig. es de 0,047 (p<0,05) por lo cual existen diferencias entre sus medias y como la diferencia es positiva (columna Diferencia de medias = 1,98889) podemos concluir que la media de Ed. Física es mayor a la de Matemáticas. Entre Historia y Matemáticas y entre Historia y Educación Física no se observan diferencias.

12.6 CORRELACIÓN DE PEARSON

Es una prueba para determinar relación entre variables. Por ejemplo, un investigador/a quiere conocer la relación entre la práctica de ejercicio físico y el nivel de atención en estudiantes universitarios/as de 18 a 25 años. Entonces formula las siguientes hipótesis:

H_1 = La práctica de actividad física se relaciona con los niveles de atención en estudiantes de la muestra.

H_0 = La práctica de actividad física no se relaciona con los niveles de atención en la muestra.

En el SPSS vamos a:
- **Analizar**
  - **Correlación**
    - **Bivariada**

Una vez ahí se abrirá una pantalla como la figura 12.17. En ella aparece automáticamente marcada la opción Pearson. En el cuadro de la izquierda aparecen todas nuestras variables. Debemos pasar las variables que deseamos correlacionar al cuadro de la derecha y luego presionar **Aceptar**.

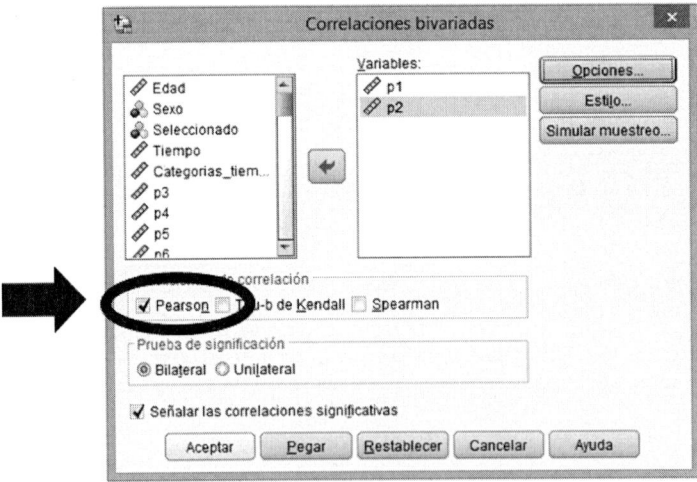

Figura 12.17 *Pantalla Correlaciones bivariadas.*

En la hoja de análisis aparecerá una tabla como la figura 12.18, en ella indica la relación que existen entre el ejercicio físico y la atención. En la tabla observamos que el valor de significación (Sig) encontrado en la relación entre las variables es de 0,009 < 0,05 razón por la cual se rechaza la hipótesis nula y podemos pensar que existe relación entre las variables.

Correlaciones

		EF	Atención
Ejercicio físico	Correlación de Pearson	1	,238**
	Sig. (bilateral)		,009
	N	99	99
Atención	Correlación de Pearson	,238**	1
	Sig. (bilateral)	,009	
	N	99	99

Figura 12.18 *Tabla de correlación de Pearson.*

Además, en la misma tabla notamos que la correlación de Pearson entre las variables nos entrega un valor de 0,238 lo que muestra una correlación positiva baja, es decir, si aumenta la práctica de ejercicio físico tenderán a subir levemente los niveles de atención. La correlación de Pearson varía entre -1 y +1 siendo:

- -1 una correlación negativa perfecta (si aumenta A disminuye B en las mismas proporciones).
- Desde -0,001 hasta bajo -0,499 una correlación negativa débil (si aumenta A disminuye levemente B).
- Desde -0,500 hasta -0,799 una correlación negativa media (si aumenta A disminuye medianamente B).
- Desde -0,800 hasta -0,999 una correlación negativa fuerte (si aumenta A disminuye fuertemente B).
- El 0 indica la inexistencia de correlación.
- Desde +0,001 hasta +0,499 correlación positiva débil (si aumenta o disminuye A aumenta o disminuye débilmente B).
- Desde +0,500 hasta +0,799 correlación positiva media (si aumenta o disminuye A aumenta o disminuye medianamente B).
- Desde +0,800 hasta +0,999 correlación positiva fuerte (si aumenta o

disminuye A aumenta o disminuye fuertemente B).
- +1 correlación positiva perfecta (si aumenta o disminuye A aumenta o disminuye B en las mismas proporciones).

Cuando la correlación de Pearson (r) se eleva al cuadrado (r^2) nos entrega la varianza de factores comunes, es decir, cuanto una variable influye en la otra. Del ejemplo anterior:

$r = 0,238$ y $r^2 = 0,056 = 6\%$

Esto significa que la variación de la práctica de ejercicio físico explica el 6% del nivel de atención.

Capítulo 13

ANÁLISIS DE LOS DATOS: ESTADÍSTICA INFERENCIAL NO PARAMÉTRICA

Los análisis inferenciales no paramétricos corresponden a los análisis estadísticos que se realizan cuando los datos no poseen una distribución normal o los datos son de tipo categóricos (nominales u ordinales). Los analisis más utilizados son la prueba de Chi cuadrado, U de Mann-Whitney, prueba de Wilcoxon, prueba de Kruskal-Wallis y correlación de Spearman.

13.1 CHI-CUADRADO O X^2

Es una prueba que permite comparar una variable de varias categorías entre dos o más grupos organizados en una tabla de contingencia. Por ejemplo, un/a investigador/a desea conocer si existen diferencias entre damas y varones en relación a la práctica de ejercicio físico en estudiantes universitarios de educación física. Para ello se establecen las hipótesis correspondientes:

H_1= Las damas y varones universitarios presentan diferencias en relación con la práctica de ejercicio físico.
H_0= Las damas y varones universitarios no presentan diferencias en relación con la práctica de ejercicio físico.

En el SPSS vamos a:
- **Analizar**
  - **Estadísticos descriptivos**
    - **Tablas cruzadas**

En la pantalla de Tablas cruzadas (Fig. 13.1) encontramos en el cuadro izquierdo todas nuestras variables. La variable que usaremos en las filas debe ser llevado al cuadro superior derecho y la variable que usaremos en las columnas al cuadro inferior derecho (recuerde que estas variables forman una tabla).

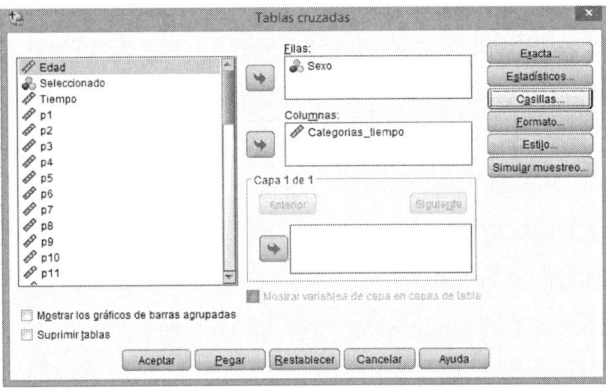

Figura 13.1 *Pantalla de Tablas cruzadas.*

Aquí presionamos **Estadísticos** y aparece una pantalla como la figura 13.2, donde marcamos los índices *Chi-cuadrdo* y luego **Continuar**. Al volver a la pantalla *tablas cruzadas* presionamos **Casillas** y se observa una pantalla como la figura 13.3.

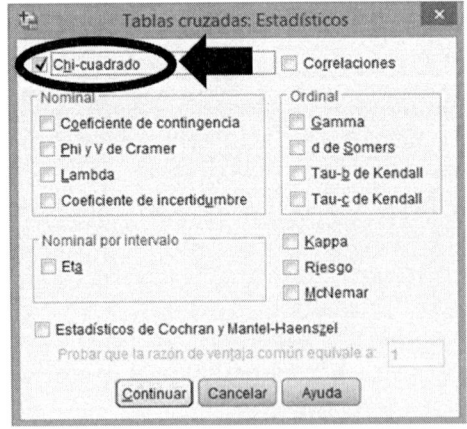

Figura 13.2 *Pantalla Tablas cruzadas: estadísticos.*

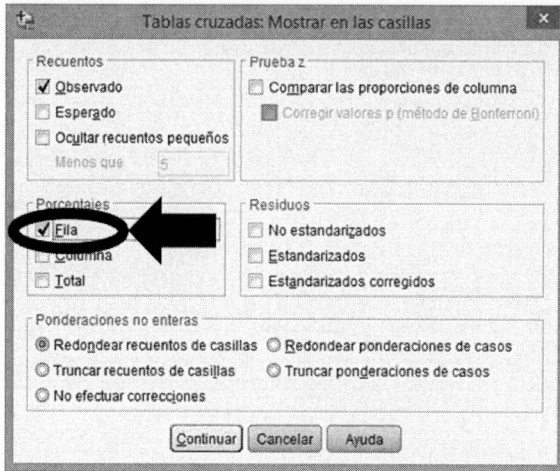

Figura 13.3 *Pantalla tablas cruzadas: mostrar en las casillas.*

En la figura 13.3 se marca la opción *Fila*, de esta forma en la tabla cruzada aparecerá el porcentaje perteneciente a cada grupo. Luego presionamos **Continuar** y al volver a la pantalla de t*ablas cruzadas* presionamos **Aceptar**.

La hoja de análisis entrega dos tablas como la figura 13.4 y 13.5. En la primera de observa la tabla cruzada con las diversas categorías de la variable estudiada en los diferentes grupos.

Tabla cruzada Sexo*Ejercicio Físico

			Categorías ejercicio físico			
			1 vez	2-3 veces	>4 veces	Total
Sexo	Damas	Recuento	9	23	9	41
		% dentro de Sexo	22,0%	56,1%	22,0%	100,0%
	Varones	Recuento	18	31	9	58
		% dentro de Sexo	31,0%	53,4%	15,5%	100,0%
Total		Recuento	27	54	18	99
		% dentro de Sexo	27,3%	54,5%	18,2%	100,0%

Figura 13.4 *Tabla cruzada.*

En la figura 13.5 se muestra la prueba de X^2 donde el valor Sig. de la fila Chi-cuadrado de Pearson es de 0,521 (p>0,05) por lo tanto, es necesario aceptar la hipótesis nula que plantea la igualdad de la práctica de ejercicio físico entre damas y varones de la carrera de educación física.

	Valor	df	Significación asintótica (bilateral)
Chi-cuadrado de Pearson	1,304[a]	2	,521
Razón de verosimilitud	1,314	2	,518
Asociación lineal por lineal	1,283	1	,257
N de casos válidos	99		

a. 0 casillas (0,0%) han esperado un recuento menor que 5. El recuento mínimo esperado es 7,45.

Figura 13.5 Tabla de Chi-cuadrado.

13.2 PRUEBA U DE MANN-WHITNEY

Prueba para comparar las medias de dos muestras independientes cuando no poseen una distribución normal o la variable es categórica. Por ejemplo, un/a investigador/a desea conocer si existen diferencias en los tiempos de velocidad en una carrera de 30 mts. de 20 niños/as de 7 a 9 años según sexo. Para ello se formulan las hipótesis correspondientes:

H_1= Los niños y niñas de la muestra presentan diferencias en el tiempo empleado para recorrer 30 mts.
H_0= No existen diferencias en el tiempo empleado para recorrer 30 mts. entre los niños y niñas de la muestra.

En el SPSS vamos a:
- **Analizar**
  - **Test no paramétricos**
    - **Cuadro de diálogo antiguos**
      - **2 muestras independientes**

Se abrirá una pantalla como la figura 13.6 donde aparece un cuadro izquierdo con todas nuestras variables. Debemos llevar la variable que deseamos comparar al cuadro *Lista variables de prueba* y nuestra variable de agrupación (grupos a comparar) al cuadro inferior. En forma automática aparece marcada la opción prueba *U de Mann-Whitney*. Luego presionamos **Definir grupos** y aparecerá la pantalla de la figura 13.7, donde definimos los valores que le hemos dado a la variable (en el ejemplo, hombres=1, mujeres=2). Posteriormente presionamos **Continuar** y al volver a la pantalla de *Pruebas para dos muestras independientes* presionamos **Aceptar**.

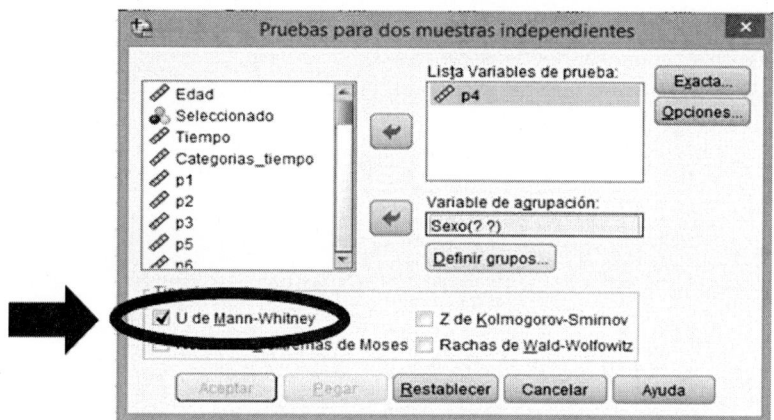

Figura 13.6 *Pantalla de Pruebas para dos muestras independientes.*

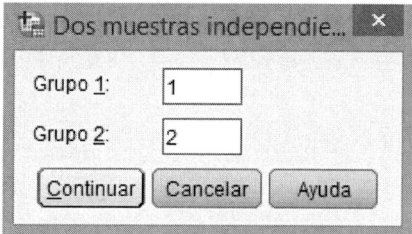

Figura 13.7 *Pantalla de Definir grupos.*

En la hoja de análisis aparecen dos tablas como la figura 13.8 y 13.9. En la primera tabla aparecen algunos descriptivos de las variables, con las medias convertidas en rangos. En la segunda tabla aparece el análisis de rangos, donde observamos una Sig. de 0,029 (p<0,05) por lo cual rechazamos la hipótesis nula que plantea que no existen diferencias significativas en el tiempo de velocidad en la carrera de 30 metros en los/as niños/as de la muestra según sexo.

Rangos

	Sexo	N	Rango promedio	Suma de rangos
Velocidad	Damas	41	42,94	1760,50
	Varones	58	54,99	3189,50
	Total	99		

Figura 13.8 *Tabla descriptiva de la prueba U de Mann-Whitney.*

Estadísticos de prueba[a]

	Velocidad
U de Mann-Whitney	899,500
W de Wilcoxon	1760,500
Z	-2,188
Sig. asintótica (bilateral)	,029

a. Variable de agrupación: Sexo

Figura 13.9 *Tabla prueba U de Mann-Whitney.*

13.3 PRUEBA DE WILCOXON

Prueba para comparar dos medias de la misma muestra cuando la variable no posee una distribución normal o corresponden a datos de tipo categóricos. Por ejemplo, un investigador desea conocer si existen efectos de un entrenamiento aeróbico de 6 semanas sobre la composición corporal de un grupo de 15 estudiantes de primaria. Para ello se formulan las hipótesis correspondientes:

H_1= Existen cambios en la composición corporal tras un entrenamiento aeróbico de 6 semanas en 15 estudiantes de primaria.
H_0= No existen efectos de un entrenamiento aeróbico de 6 semanas sobre la composición corporal de 15 estudiantes de primaria.

En el SPSS vamos a:

- **Analizar**
  - **Test no paramétricos**
    - **Cuadro de diálogo antiguos**
      - **2 muestras relacionadas**

Luego aparece una pantalla como la figura 13.10, donde debemos llevar del cuadro izquierdo al cuadro *Contrastar pares* las dos mediciones de nuestra variable. La prueba de Wilcoxon viene marcada automáticamente. Luego presionamos **Aceptar**.

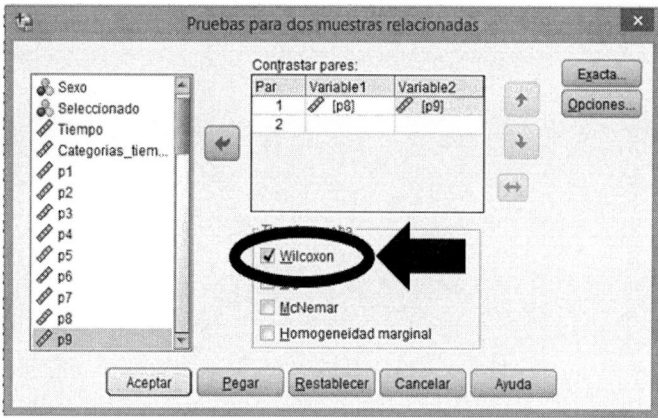

Figura 13.10 *Pantalla Prueba de dos muestras relacionadas.*

Rangos

		N	Rango promedio	Suma de rangos
CC1-CC2	Rangos negativos	70[a]	43,47	3043,00
	Rangos positivos	11[b]	25,27	278,00
	Empates	18[c]		
	Total	99		

Figura 13.11 *Tabla descriptiva prueba de Wilcoxon.*

La hoja de análisis muestra dos tablas como la figura 13.11 y 13.12. En la primera tabla se observan los estadísticos descriptivos de las dos mediciones de la variable. En la segunda tabla se muestra el análisis de la prueba de Wilcoxon, donde la Sig. es de 0,000 (p<0,05), razón por la cual rechazamos la hipótesis nula y aceptamos que existen diferencias en la composición corporal de los/as niños/as de la muestra tras la aplicación del entrenamiento aeróbico.

Estadísticos de prueba[a]

	CC2-CC1
Z	-6,600[b]
Sig. asintótica (bilateral)	,000

Figura 13.12 *Tabla prueba de Wilcoxon.*

13.4 PRUEBA DE KRUSKAL-WALLIS

Prueba para comparar las medias de tres o más muestras no relacionadas cuando no poseen una distribución normal o la variable es de tipo categórica. Por ejemplo, un/a investigador/a desea conocer si existen diferencias en los niveles de práctica de ejercicio físico en 20 estudiantes de educación física según el año de la carrera. Para ello se formulan las hipótesis correspondientes:

H_1= Existen diferencias en los niveles de práctica de ejercicio físico en estudiantes de educación física según el año que cursa dentro de la carrera.

H_0= Los niveles de práctica de ejercicio físico de los estudiantes de educación física es igual en todos los años de la carrera.

En el SPSS vamos a:
- **Analizar**
  - **Test no paramétricos**
    - **Cuadro de diálogo antiguos**
      - **K-muestras independientes**

Luego aparece una pantalla como la figura 13.13, donde debemos llevar del cuadro izquierdo al cuadro superior derecho la variable a comparar y al cuadro inferior derecho la variable de agrupación (en el ejemplo, año de carrera). La prueba de Kruskal Wallis viene seleccionada automáticamente.

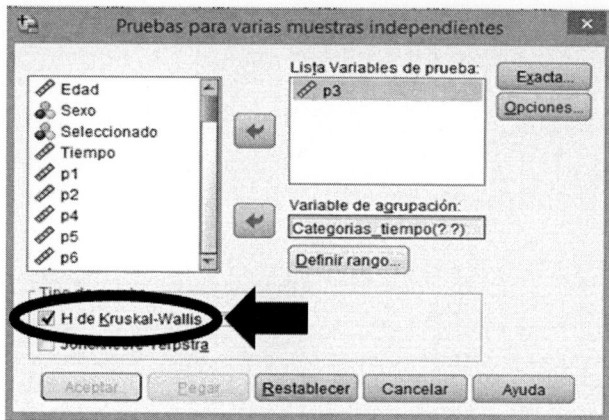

Figura 13.13 *Pantalla Prueba para varias muestras independientes.*

Tras ubicar nuestras variables presionamos **Definir grupos** y aparece una pantalla como la figura 13.14. Ahí definimos el valor mínimo y máximo de agrupación (en ejemplo, 1 y 3, ya que representan el 1º y 3º curso respectivamente). Luego presionamos **Continuar** y al volver a la pantalla de *Prueba para varias muestras independientres* presionamos **Aceptar**.

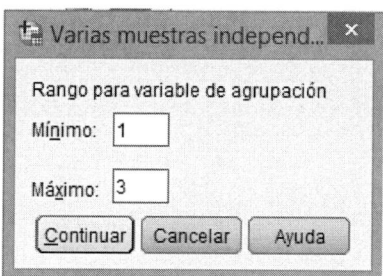

Figura 13.14 *Pantalla de Definir grupos para prueba de Kruskal-Wallis.*

La hoja de análisis entrega dos tablas como la figura 13.15 y 13.16. En la primera tabla se observan los estadísticos descriptivos para la variable por rango. En la segunda tabla, la prueba de Kruskal-Wallis, que muestra un Sig. de 0,541 (p>0,05), por lo cual se acepta la hipótesis nula. No existen diferencias en los niveles de práctica de ejercicio físico en la muestra según año de la carrera.

Rangos

	Categorías Años	N	Rango promedio
Ejercicio físico	1° año	7	53,11
	2° año	5	47,21
	3° año	8	53,69
	Total	20	

Figura 13.15 *Tabla descriptiva de la prueba de Kruskal-Wallis.*

Estadísticos de prueba[a,b]

	Ejercicio físico
Chi-cuadrado	1,230
gl	2
Sig. asintótica	,541

a. Prueba de Kruskal Wallis

b. Variable de agrupación:

Categorías Años

Figura 13.16 *Tabla de prueba de Kruskal-Wallis.*

13.5 CORRELACIÓN DE SPEARMAN

Es una prueba para evaluar la relación entre variables categóricas. Por ejemplo, un/a investigador/a desea conocer si existe relación entre el tipo de nutrición y la práctica de ejercicio físico en personas de 18 a 30 años de la ciudad de Santiago. Entonces plantea las siguientes hipótesis:

H_1= Existe relación entre la nutrición y la práctica de ejercicio físico en los sujetos de la muestra.

H_{01}= No existe relación entre la nutrición y la práctica de ejercicio físico en los sujetos de la muestra.

En el SPSS vamos a:
- **Analizar**
    - **Correlación**
        - **Bivariada**

En la pantalla de Correlaciones bivariadas (Fig. 13.17) encontramos en el cuadro izquierdo todas nuestras variables. Debemos llevar nuestra variable ordinales que deseamos correlacionar al cuadro derecho. Luego marcamos la opción de *Spearman* y presionamos **Aceptar**.

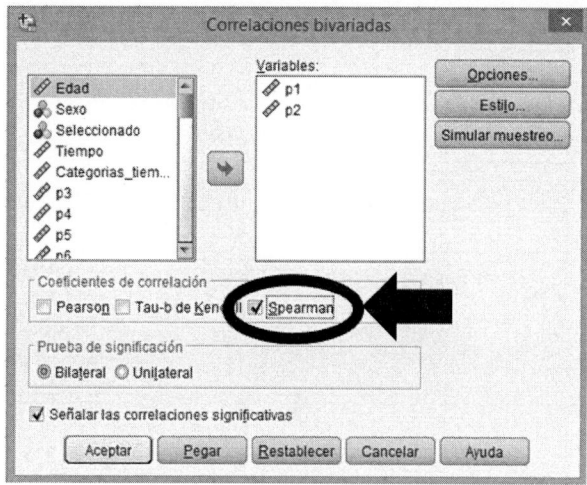

Figura 13.17 *Pantalla de Correlaciones bivariadas.*

La hoja de análisis nos entregará una tabla como la figura 13.18. En ella observamos que el valor Sig. es de 0,031 (p<0,05) por lo tanto, existe relación entre ambas variables, además la correlación es media y positiva (r=0,622).

Correlaciones

			p1	p2
Rho de Spearman	Nutrición	Coeficiente de correlación	1,000	,622
		Sig. (bilateral)	.	,031
		N	99	99
	Ejercicio físico	Coeficiente de correlación	,622	1,000
		Sig. (bilateral)	,031	.
		N	99	99

Figura 13.18 *Tabla de correlación de Spearman.*

13.6 PRUEBA DE CONFIABILIDAD: ALFA DE CRONBACH

El alfa de Cronbach (α) es una prueba para medir los niveles de confiabilidad de un instrumento de medición de tipo escala o inventario que se haya aplicado una sola vez a la muestra. Para ello debemos tener los datos de cada ítem de la prueba en el SPSS donde vamos a:

- **Analizar**
  - **Escala**
    - **Análisis de fiabilidad**

Luego aparece la pantalla de la figura 13.19, donde debemos trasladar del cuadro izquierdo al derecho todas las variables que conforman nuestro instrumento de medición. Luego presionamos **Aceptar**.

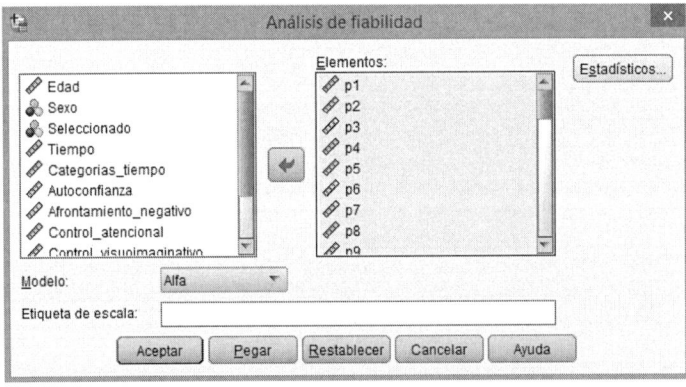

Figura 13.19 *Pantalla de Análisis de fiabilidad.*

La hoja de análisis entrega una tabla como la figura 13.20, la cual muestra el valor del Alfa de Cronbach, que en este caso es 0,857. Recordemos que la confiabilidad se mide entre 0 y 1. Valores más cercanos a 1 indican mejores niveles de confiabilidad y valores inferiores a 0,600 resultan inadecuados para un instrumento.

Es posible calcular la confiabilidad total de una escala o inventario, pero también es posible determinar el Alfa de Cronbach de cada subescala o dimensión del instrumento. Por ejemplo, una escala de percepción sobre las actitudes del/a profesor/a de educación física puede tener 30 ítems en total (con un α=0,895), pero esta constituido por tres dimensiones: 1) *empatía* con 12 ítems (α=0,910); 2) *disciplina* con 10 ítems (α=0,820); 3) *entusiasmo* con 8 ítems (α=0,875).

Estadísticas de fiabilidad

Alfa de Cronbach	N de elementos
,857	42

Figura 13.20 *Tabla de Alfa de Cronbach.*

Capítulo 14

REDACCIÓN DE LA DISCUSIÓN Y CONCLUSIÓN

14.1 DISCUSIONES

Muchas veces los/as estudiantes confunden las discusiones con las conclusiones, la verdad es que son diferentes, la primera contrasta los resultados con trabajos previos con la investigación y el segundo contrasta si los objetivos e hipótesis se cumplieron en el estudio.

Realizar las discusiones es más complejo que redactar la conclusión, y en este punto es necesario apoyarse en el marco teórico, ya que este contiene la información con lo cual se realizará un análisis teórico-empírico sobre el tema estudiado, argumentando como los resultados ayudan a fortalecer la teoría y explicar algunos aspectos de ella, en relación con el conocimiento previo sobre la temática.

Ejemplo 14.1
Un ejemplo de discusión es:

…respecto a la percepción de los estudiantes de educación física los resultados muestran que los alumnos de cuarto año consideran menos competentes, benevolentes e íntegros a sus docentes de educación física del colegio en comparación con los de primer año de la carrera. Moreno y Cervelló (2003) encontraron resultados similares, pero a nivel escolar mostrando una disminución de la percepción positiva hacia la educación física a medida que los alumnos pasan de curso. De la misma forma, se manifiesta este fenómeno en la formación universitaria, por ejemplo, Cea, Véliz, Aravena y Maureira (2014) midieron la percepción de los estudiantes de educación física de…

Como se puede apreciar en el ejemplo 14.1, los autores de la investigación mencionan brevemente sus resultados y lo contrastan con investigaciones que muestran similitudes con el trabajo, pero son en otra población, no es necesario que el estudio sea exactamente igual para citarlo, lo que es relevante es contrastar tu investigación con trabajos similares o intentar dar una explicación con teorías ya constituidas a tus resultados. Otro elemento importante asociado a las discusiones es intentar explicar el porqué de los resultados, como, por ejemplo:

El profesorado en formación de educación física presenta menores niveles de estrés en relación con el estudiantado de kinesiología, *esto se podría explicar porque en la carrera de pedagogía en educación física existen actividades curriculares teóricos, teóricos-prácticos y prácticos*, lo cual podría colaborar con un mayor nivel de práctica de actividad física y este en definitiva influir en disminuir los niveles de estrés.

En las discusiones es relevante mencionar **las limitaciones de la investigación**, siendo importante no confundir las limitaciones a los problemas que tuvo al momento de realizar las mediciones de su trabajo, la frase *en el colegio tuvimos muchos problemas para aplicar la encuesta, porque la directora no había transmitido la información a los docentes* no le interesa al revisor ni al lector de su trabajo, lo que es relevante mencionar en las limitaciones es, por ejemplo, que la muestra fue pequeña, por lo tanto, no se puede extrapolar los resultados a la población.

Finalmente, se debe advertir que en este último capítulo de conclusiones y discusiones no se acostumbra a incorporar tablas, gráficos, imágenes etc., ya que eso normalmente es propio del capítulo de resultados.

14.2 Conclusiones

Una vez que se han realizado los análisis de los datos, tenemos que elaborar las conclusiones, donde debemos indicar si se pudieron cumplir los objetivos e hipótesis planteadas inicialmente en nuestro estudio. Aquí es relevante mencionar las proyecciones y los aportes de su trabajo a la disciplina de Educación Física.

Un ejemplo de proyección del estudio es que sería relevante replicar la investigación con otro tipo de metodología, es decir, en vez de ser transeccional podría replicarse longitudinal y aumentar la muestra para obtener resultados más extrapolables a la población, por lo tanto, las proyecciones no son más que sugerir replicar el estudio mejorando la metodología para que los resultados sean más generalizables y evitar errores que ocurrieron durante la realización de su trabajo en futuras investigaciones.

Ejemplo 14.2

Objetivo de investigación: Conocer el efecto de un programa de 12 semanas de ejercicio físico sobre los niveles de estrés de un grupo de trabajadores/as.

Evidentemente las hipótesis serán si el programa tuvo efectos significativos o no, por lo tanto, las conclusiones deberían iniciar así:

En la presente investigación se pudo comprobar que el programa X tiene efectos positivos en los trabajadores de la empresa X, ya que los niveles de estrés disminuyeron tras la intervención con valores X (normalmente se incorporan los números de significancia), por lo tanto, se acepta la hipótesis investigación.

Dentro de las limitaciones del trabajo es que el programa X se puede aplicar solo en adultos entre 20 y 35 años, ya que los niveles de exigencia son altos para personas sedentarias. Por otro lado, sería interesante adaptar el programa X a otro rango de edades para que más personas se vean beneficiadas.

Idealmente se debería mencionar dos o más proyecciones de la investigación. Se sugiere revisar artículos científicos, para ampliar la idea de cómo se aborda este último apartado del informe final de la investigación.

BIBLIOGRAFÍA

Bolaños, A. & González, V. (2012). Deconstructing the translation of psychological tests. *Meta J Des Traduct.*, *57*, 715-739. http://dx.doi.org/10.7202/1017088ar

Hernández, R., Fernández, C. & Baptista, P. (2014). *Metodología de la investigación*. McGraw-Hill.

Hernández, R. & Mendoza, C. (2018). *Metodología de la investigación. Las rutas cuantitativa, cualitativa y mixta*. McGraw-Hill.

Kerlinger, E. (1979). *Enfoque conceptual de la investigación del comportamiento*. Interamericana.

Maureira, F. (2017). *Estadística para educación física*. Bubok Publishing.

Maureira, F. (2016). *Estadística avanzada para educación física*. Editorial Académica Española.

Parra, F., Vicente, J. & Beltrán, M. (2000). *Curso básico de análisis estadístico en SPSS*. Disponible en: https://econometria.files.wordpress.com/2009/04/curso-basico-de-analisis-estadistico-en-spss.pdf

Pérez, C. (2001). *Técnicas Estadísticas con SPSS*. PrenticeHall.

Tirapu, J. (2007). La evaluación neuropsicológica. *Psychosocial Intervention, 16*(2), 189-211.

World Medical Asociation (2013). World Medical Association Declaration of Helsinki Ethical Principles for Medical Research Involving Human Subjects. *JAMA, 310*(20), 2191-2194. https://doi.org/10.1001/jama.2013.281053

ANEXO 1
CONSENTIMIENTO INFORMADO

Título de la investigación

Investigadoras/res _____

Universidad _____

Les invitamos a participar en el estudio a cargo de _____ de la Universidad _____. El objeto de esta carta es ayudarle a tomar la decisión de participar en la presente investigación.

Su participación es voluntaria y los datos obtenidos serán anónimos. Si decide participar en el estudio, puede retirarse en cualquier momento sin que por ello se vean afectados sus derechos ni acceso a los servicios que actualmente tiene. Para que decida si quiere o no formar parte de este estudio les ofrecemos información respecto a la razón y objetivos, así como lo que implica su participación. Por favor lea detenidamente la siguiente información.

¿De qué se trata la investigación al que se le invita a participar?
El estudio analizará _____
Por lo que se le solicita su participación en una sesión donde se evaluarán diferentes tareas como _____.
Por lo que su participación es voluntaria y no tiene ningún beneficio económico.

¿Cuál es el propósito concretamente de su participación en esta investigación?
Se le ha convocado a participar de este estudio a los/as estudiantes de _____.
El propósito de este estudio es _____

¿Cuánto durará su participación?
Su participación será de una sesión de 45 minutos, para evaluar las tareas _____

¿Cómo se protege la información y datos que usted entregue?

Todos los datos estarán protegidos y serán tratados de acuerdo con la ley de protección de datos que rige en Chile, relativos a la protección de las personas naturales en cuanto al tratamiento de datos de carácter personal y a la circulación de estos datos (Ley 19.628).

La base de datos de la información será almacenada y el material será custodiado en el computador del/la profesor/a_____.

¿Es obligación participar? ¿Puede arrepentirse una vez iniciada su participación?

Su participación NO es obligatoria de ninguna manera. Si accede a participar, puede dejar de hacerlo en cualquier momento sin repercusión negativa alguna para usted.

También puede solicitar más información contactando al/la Profesor/a _____ persona a cargo del estudio al correo _____ o al teléfono +569 xxxx xxxx.

HE TENIDO LA OPORTUNIDAD DE LEER ESTA DECLARACIÓN DE CONSENTIMIENTO INFORMADO Y HE PODIDO HACER PREGUNTAS ACERCA DEL ESTUDIO, CON LA FINALIDAD DE COMPRENDER LOS ALCANCES DE MI PARTICIPACIÓN. HE CONOCIDO MI DERECHO A RETIRARME CUANDO LO DESEE, Y LOS DERECHOS QUE ME ASISTEN, TAL COMO CONSTA EN LA INFORMACIÓN FACILITADA EN EL ESCRITO DE LA PRESENTE CARTA.

_____ Acepto participar en el estudio.
_____ No acepto participar en el estudio.

_____

Nombre y firma del participante

FORMATO DE ASENTIMIENTO INFORMADO

día, mes, año

Estimado/a:

Les invitamos a participar en el estudio a cargo de el/la profesor/a
_____ de la Universidad_____.
El objeto de esta carta es ayudarle a tomar la decisión de participar en la
presente investigación.

Estamos invitando a participar a todos tus compañeros y
compañeras de curso a participar en una serie de tareas
_____
la idea, es conocer tu desempeño en _____.
Su colaboración será en uno/dos días durante la clase de educación física
del colegio.

Tu participación en el estudio es voluntaria, por lo que, aunque tu
papá/mamá/tutor/a haya dicho que puedes participar, si tú no quieres
hacerlo puedes decir que no. Es tu decisión si participas o no en la
investigación. También es importante que sepas que, si en un momento
dado ya no quieres continuar en el estudio, no habrá ningún problema, o
si no quieres responder a alguna pregunta en particular, puedes
manifestarlo libremente sin que signifique un problema.

Esta información será confidencial. Esto quiere decir que no
diremos a nadie tus respuestas ni daremos a conocer que eres tú quien las
ha emitido, sólo lo sabrán las personas que forman parte del equipo del
estudio.

También puedes pedirle a tu papá/mamá/tutor que puedan tomar
contacto con el/la profesor/a _____, persona a
cargo del estudio al correo _____ o al teléfono +569 xxxx
xxxx, en caso de que tengas alguna duda.

Por favor, marca tu opción con una cruz y complete sus datos:

_____ Acepto participar en el estudio.
_____ No acepto participar en el estudio.

_____
Nombre, firma y RUT del/ de la menor

ANEXO 3

CARTA DE AUTORIZACIÓN PARA INSTITUCIONES

día, mes, año

CARTA DE AUTORIZACIÓN

Estimado/a Director/a:

Su comunidad ha sido invitada a participar en el estudio titulado
_____
a cargo de la académica_____, de la carrera de
_____, de la Universidad _____.
El objeto de esta carta es brindarle la información para ayudarle a tomar
la decisión de que su comunidad pueda participar en el presente estudio.

¿De qué se trata la investigación?

Estamos invitando a colaborar al estudiantado de
_____de su comunidad educativa a participar en una serie de
tareas como _____.
La idea, es conocer _____.
Las evaluaciones se pueden realizar en una o dos sesiones (para cada
curso) durante la clase de educación física.

¿En qué consiste la participación de su comunidad?

Se ha convocado a participar de este estudio a los cursos
de_____, debido a que este nivel es crucial para el desarrollo
de _____ El propósito de este estudio es
_____
_____
_____
El tiempo estimado es de _____ aproximadamente para
cada nivel educativo.

¿Tiene algún riesgo o beneficio su participación?

La participación de su comunidad es voluntaria y no remunerada.
No existe ningún riesgo asociado a su participación, así como tampoco
alguna retribución o beneficio directo. Sin embargo, se espera que su

apoyo en este estudio pueda ayudar a la construcción de saberes que aporten a _____.

¿A quién puedo contactar para saber más de esta investigación?

Si tiene cualquier pregunta acerca de este estudio, puede contactar a _____ académica/o de la Universidad _____ al teléfono es el +569 xxxx xxxx y su email es _____.

Si autoriza que su comunidad pueda participar de manera libre y voluntaria de esta investigación, complete los siguientes datos:

_____ Autorizo la participación de mi comunidad educativa.
_____ No autorizo la participación en mi comunidad educativa.

_____
Nombre y firma del Director/a